la vida digital

de los medios y la comunicación

ENSAYOS SOBRE LAS AUDIENCIAS,
EL CONTENIDO Y LOS NEGOCIOS
EN INTERNET

Edición:
LEANDRO AFRICANO

Diseño de tapa:
ESTUDIO ARGIZ

la vida digital

de los medios y la comunicación

ENSAYOS SOBRE LAS AUDIENCIAS, EL CONTENIDO Y LOS NEGOCIOS EN INTERNET

Autores: *Alejandro Álvarez Nobell*
Martín Becerra
Sebastián Codeseira
Daniel Dessein
Bernardo Geoghegan
Mariela Mociulsky
Santiago Olivera
Carlos Pallotti
Gastón Roitberg
Diego Rottman
Paula Sibilia

GRANICA

ARGENTINA - ESPAÑA - MÉXICO - CHILE - URUGUAY

ARGENTINA
Ediciones Granica S.A.
Lavalle 1634 3° G / C1048AAN Buenos Aires, Argentina
granica.ar@granicaeditor.com
atencionaempresas@granicaeditor.com
Tel.: +54 (11) 4374-1456 ⓦ 1158549690

MÉXICO
Ediciones Granica México S.A. de C.V.
Calle Industria N° 82 - Colonia Nextengo - Delegación Azcapotzalco
Ciudad de México - C.P. 02070 México
granica.mx@granicaeditor.com
Tel.: +52 (55) 5360-1010 ⓦ 5537315932

URUGUAY
granica.uy@granicaeditor.com
Tel: +59 (82) 413-6195 - Fax: +59 (82) 413-3042

CHILE
granica.cl@granicaeditor.com
Tel.: +56 2 8107455

ESPAÑA
granica.es@granicaeditor.com
Tel.: +34 (93) 635 4120

www.granicaeditor.com

ISBN 978-987-8358-09-3

Hecho el depósito que marca la ley 11.723

Impreso en Argentina. *Printed in Argentina*

Álvarez Nobell, Alejandro; Becerra, Martín *et al.*
   La vida digital de los medios y la comunicación : ensayos sobre las audiencias, el contenido y los negocios en internet / Mariela Mociulsky ... [*et al.*]. - 1a ed. - Ciudad Autónoma de Buenos Aires : Granica, 2020.
   244 p. ; 22 x 15 cm.

   ISBN 978-987-8358-09-3

   1. Ciencias de la Información. I. Mociulsky, Mariela
CDD 004

Índice

Capítulo 6

Capítulo 7

Capítulo 8

Capítulo 9

PRÓLOGO

Tendencias que no se anticipan

Por Gustavo Buchbinder, presidente de Interact.

Hace tiempo que circula una leyenda en el ambiente deportivo muy ilustrativa. El *staff* de Adidas —uno de los mayores fabricantes de pelotas de fútbol profesionales— recibió un llamado que estaban esperando desde hacía mucho: las máximas autoridades a nivel global de ese deporte estaban preocupadas porque no había suficientes goles como para entretener a la audiencia. Buscaban la manera de que el diseño de la pelota ayudara a que los arqueros tuvieran más dificultades de atajar los tiros al arco. Y modificaron entonces la pelota para lograrlo, introduciendo nuevos materiales que produjeran efectos diferentes ante el mismo golpe de siempre con el pie.

Cierta o no esta historia, con el tiempo se hizo evidente que algo había pasado. Puede verse en innumerables videos de YouTube cuando las cámaras están detrás del arco o si se ha tenido la fortuna de haber sido arquero profesional en tiempos modernos: desde un tiro libre, la pelota no se traslada más con un movimiento curvilíneo uniforme sino que por momentos pareciera acelerarse y cambiar el ángulo de la curva.

Esta puede ser una buena metáfora de lo que sucede en la industria de la publicidad y las comunicaciones con la irrupción, hace ya varias décadas, de Internet: la imposibilidad de anticipar las tendencias.

No está claro si la necesidad habitual de predecir el futuro existió siempre o, como dicen algunos historiadores, eso fue un invento —o tuvo impulso— en el romanticismo del siglo XIX. De hecho, en la Edad Media nadie pensaba que el futuro iba a ser mejor o quizás a nadie le importaba mucho.

Y la dificultad de prologar un libro sobre publicidad, comunicación, marcas, medios y vínculos digitales está en el hecho de que sabemos que estas líneas y las que siguen pueden quedar obsoletas en cuestión de meses. Como con la historia futbolística que da puntapié a estas líneas, se ha hecho imposible adivinar la trayectoria de los medios y las audiencias. Y el envejecimiento de los textos sobre esta disciplina nos deja en el dilema de pensar en el hoy sabiendo que los posibles lectores, cuando lo lean, podrán estar leyendo sobre algo que ocurrió tiempo atrás.

Quizás en un tiempo futuro, para nada lejano, este libro hable de aplicaciones que ya no están, que quizás hace tiempo que ya no existen y nadie usa, y quizás hasta que nadie recuerde. Lo efímero de esto (¿cuántos millones de usuarios tuvo MySpace o Friendster?) solo nos hace pensar en enormes globos que fueron pinchados mientras aún no se habían vuelto todo lo grandes que podían ser. Y ya contamos con otros globos reemplazándolos.

En algún momento se empezó a hablar de comunicación digital para diferenciar y contener todo un nuevo mundo, pero hoy no sabemos en muchos casos cuáles son exactamente las fronteras de lo analógico. Todo es comunicación y publicidad independientemente del soporte.

Lo que sabemos es que los cambios que vivimos ocurren a velocidades muy altas, que son difíciles de interpretarlos con el paso del tiempo y más aún hacerlo en el momento en que suceden. Ese es un primer desafío de los ensayos que componen este libro.

Internet y sus dispositivos revolucionaron prácticamente todas las industrias: desde las comunicaciones propiamente dichas (el correo y la telefonía) y también la televisión, la industria discográfica, la fotografía, el cine y el turismo, entre muchas otras. También modificaron las industrias del automóvil, el *retail* y la movilidad urbana, sin mencionar el e-commerce. Palabras como streaming, *VOD*, social media se inventaron o cobraron un sentido totalmente nuevo.

Y muchos de estos conceptos han venido de sectores en los que lo digital les agregó valor y los convirtió en otra cosa. Puede que haya excepciones, una en particular: social media.

Social media es también el fin explícito de la comunicación unidireccional en los medios, es lo opuesto a toda una tradición, empezando con la literatura en papel. En social media (junto con todas las variantes posibles) confluyeron años de historia de las comunicaciones, la literatura, la fotografía, la irrupción de un género nuevo (supongo que un *tweet* es algo de eso) y puso de manifiesto la posibilidad de que cualquiera puede escribir y leer; es en definitiva un mundo donde hay muchas mayores posibilidades de nivelación. Y también se puso de manifiesto lo que empezó a verse con la aparición de Internet: audiencias globales, masivas pero también dispersas.

Aparece además otro modo de lectura en el que se evidencian textos muy cortos, fragmentados, sin conexión entre sí, en múltiples idiomas. Twitter es hoy el mejor ejemplo de ello. Y lo mejor de todo, no se sabe bien si esta forma de lectura en algo reemplaza a otra y, en todo caso, a quién reemplazaría, si es a la televisión, a las novelas, a los cómics o al deporte en las plazas o en los clubes. O quizás a todos.

Lo que sí es cierto es que muchos sustantivos se transformaron en verbos como *instagramear, twittear, postear* y *googlear*, y lo que era marginal pasó a ser el centro de nuestra vida comunicacional. El problema de entender esto se agudiza porque además todos nosotros no somos observadores, como si miráramos un acuario, también somos protagonistas. Y poner distancia sobre los hechos es muy difícil, es como intentar que una película en movimiento se transforme en miles de fotogramas que nos permitan mirar todo lentamente.

La vasta bibliografía que hay sobre social media apenas puede explicar estos fenómenos y son pocos los estudios (algunos antropológicos muy interesantes) que prueban cómo las sociedades en todos los continentes adoptaron social media en todas sus formas, aunque no siempre de la misma manera, con el mismo uso y en la misma plataforma.

Y como posiblemente haya cosas que nunca logremos entender en profundidad, como se dice habitualmente, lo interesante es ver si hicimos las preguntas correctas. Este libro intenta generar esas preguntas y responder, en la medida de lo posible, a algunos interrogantes, aunque sea parcialmente.

Esperamos que lo disfruten.

CAPÍTULO 1

Medios en quiebra

Por Martín Becerra.

Investigador principal en el Conicet y profesor titular por concurso en la Universidad Nacional de Quilmes (UNQ) y en la Universidad de Buenos Aires (UBA). Doctor en Ciencias de la Información (Universidad Autónoma de Barcelona), donde también se recibió de magíster en Ciencias de la Comunicación. Es autor de libros y artículos sobre políticas de comunicación, medios y tecnologías de la información y la comunicación.

Transformaciones, cambios en el ecosistema y nuevos actores en la era de la digitalización de los flujos de información y comunicación

En 2006 el novelista Alessandro Baricco compiló en el libro *Los bárbaros* un conjunto de ensayos sobre la profunda mutación cultural que ocurre en el presente. Su intención fue captar el momento bisagra en que se produce la transformación de una cultura y son derribadas las ciudadelas en las que se construyeron las nociones de calidad, profundidad y pureza, y sus anatemas (que en toda cultura funcionan como anclaje) de mediocridad, superficialidad y corrupción.

Hasta hace poco, los medios de comunicación gozaban del control de la cadena productiva de la información y el entretenimiento que circulaba masiva y cotidianamente. En esa ciudadela se definía la agenda de asuntos a los que los medios y otras instituciones modernas les conferían importancia y que, entonces, despertaban el interés variable de distintos grupos sociales. En el caso de las empresas de medios más poderosas, el control de la cadena productiva se extendía hasta la posesión misma de la propiedad de los eslabones necesarios para producir, editar, distribuir, exhibir y comercializar los flujos de contenidos que bombeaban la opinión pública.

Hoy, la ciudadela mediática luce carcomida en sus cimientos. Su crisis, la de los medios tradicionales, es también la crisis de las profesiones que protagonizaron la organización de sus productos y servicios. Si el periodismo nutría y condicionaba la circulación de la palabra y era un intermediario autorizado entre poderes económico, político, social y cultural y la comunidad, ahora esa mediación fue subvertida por una serie de cambios que representa la digitalización de los flujos de información y comunicación.

Hace tan solo diez años en Argentina (quince en Estados Unidos y Europa) en los viejos medios el sector que se ocupaba de la transición a lo digital era marginal en la disposición física de las redacciones, sus empleados cobraban salarios inferiores, las condiciones laborales eran más precarias y sus productos eran subestimados por toda la organización. Ascender profesionalmente, para un periodista que ingresaba a un medio como empleado de la parcela online, suponía que lo reconocieran e integraran al núcleo central del medio, que es el que cultivaba la rutina productiva tradicional.

Una década más tarde el enfoque cambió radicalmente: la producción de un medio que no quiere morir aplastado por el vértigo de la era digital está orientada básicamente a Internet y a explorar estrategias digitales para los eslabones de producción, edición, distribución y venta de contenidos en Internet a través de dispositivos fijos y, sobre todo, móviles. No hay modelo seguro que garantice el éxito ni la estabilidad en ninguno de esos eslabones, pero el consenso es que Internet es el centro y el resto debe acondicionarse para que le sea funcional. En la forzada metamorfosis que experimentan muchas organizaciones periodísticas, lo que era accesorio (lo digital) es hoy su razón de ser.

El presente texto analiza las características estructurales de esa transformación, el cambio del ecosistema, los actores emergentes de la transformación en curso y su relación con las políticas públicas en el contexto argentino al finalizar la segunda década del siglo XXI.

El sistema de medios que supimos conseguir

La Argentina tuvo desde fines del siglo XIX, en relación con el resto de América Latina, un desarrollo vigoroso de medios de comunicación articulados con una extensa cobertura del sistema educativo, la censura explícita a partir de 1974 (profundizada a partir del 24 de marzo de 1976) y la retracción del consumo cultural desde mediados de la década de 1970 que incidieron en una metamorfosis a la que tributó el sistema de medios a partir de la restauración del orden constitucional en diciembre de 1983.

La dinámica industria editorial (libros, diarios y revistas periódicas) fue paulatinamente desplazada por el aumento del consumo de radio y televisión, dos medios que se presumen de acceso gratuito pero cuya mercantilización e industrialización es mayor que en el sector editorial gráfico. Entre 1970 y 1980, dejaron de editarse más de 250 diarios, con la consecuente erosión de la diversidad de versiones sobre la realidad que ello representa. El desplazamiento del consumo de información y entretenimientos masivos de la gráfica al audiovisual facilita su control porque comprende una reducción de productores de contenidos por un lado, y por el otro porque condiciona la profundidad y los ritmos con que la sociedad se vincula con las noticias y las representaciones culturales.

Desde el colapso de la dictadura y hasta 2019, cinco procesos caracterizan al sistema de medios de comunicación: primero, la erradicación de la censura directa; segundo, la concentración de la propiedad de las empresas en pocos pero grandes grupos; tercero, la convergencia tecnológica (audiovisual, informática y telecomunicaciones); cuarto, la centralización geográfica de la producción de contenidos, y quinto, la crisis radical del modelo económico en que se sostuvieron las empresas periodísticas durante más de un siglo.

Estos procesos se conjugaron para transformar el sistema de medios y para imprimirle monotonía en su adscripción al lucro como lógica de producción. Dicha transformación fue moldeada por reglas de juego originalmente definidas por el decreto-ley 22.285/80 y empeoradas por casi todos gobiernos constitucionales posteriores hasta 2009, cuando el Congreso sancionó una ley audiovisual que no fue adecuadamente implementada (en parte por falta de compromiso o torpeza del gobierno que la promovió, en parte por la oposición del mayor grupo multimedios y otros aliados) y que fue, a partir de diciembre de 2015, desmontada por decretos presidenciales.

En materia de contenidos, el cambio más sobresaliente fue el destierro de la censura directa ejercida hasta los años 80 no solo por gobiernos militares, sino también por muchos civiles en el siglo pasado. Es decir, la censura no era un fenómeno efímero o reducido a dictaduras, sino que formaba parte de la normalidad de la actividad política en el país antes de 1983. Y si bien hubo episodios aislados de censura en los medios durante el gobierno de Raúl Alfonsín y casos esporádicos en las presidencias de Carlos Menem, la progresiva conquista de la libertad de opinión en los medios fue una constante desde el regreso de la democracia.

Se alude a "censura directa" pues existen formas indirectas de censura, entre las que pueden citarse la concentración de la propiedad, la proscripción de individuos o sectores sociales (como los sin fines de lucro) al acceso a recursos como las licencias audiovisuales, el ejercicio arbitrario de la regulación y de políticas impositivas, las figuras penales que criminalizan la opinión, el abuso de recursos públicos para premiar la subordinación o castigar la crítica, como la publicidad oficial, la obstrucción del acceso de la ciudadanía a la información pública (al respecto, ver los informes anuales de las Relatorías de Libertad de Expresión de la ONU y de la OEA).

Otro proceso central se desencadenó a partir de la convergencia tecnológica en curso que une soportes de producción, edición, distribución y consumo de medios audiovisuales, gráficos, telecomunicaciones y redes digitales (Internet). La convergencia representa una fuerza transformadora del sector, pues la referencia a los medios de comunicación en sentido estricto debe mutar para comprender parte de su actual desempeño en sociedad.

La convergencia entre tecnología y sociedad es un eje medular para comprender cambios del pasado reciente y del presente, y enmarca el desempeño de los medios en una sociedad con necesidades y expectativas cambiantes. El control remoto y la migración de los receptores al color tonificaron las formas de ver televisión, pero a partir de 1990 la paulatina masificación de la televisión por cable y su menú multicanal introdujo una oferta de decenas de canales, muchos de ellos temáticos, en una pantalla que hasta entonces solo en las grandes ciudades contaba con más de un canal de aire. La concentración de la propiedad comenzaba una etapa expansiva.

Fue con el cambio de siglo cuando el acceso a Internet y a la telefonía móvil, primero como tecnologías separadas y luego reunidas en los mismos dispositivos multiplataforma (los llamados "teléfonos móviles"), le imprimirían un ritmo vertiginoso y ubicuo a la temprana segmentación de gustos iniciada por la televisión de pago. Estas tecnologías impactarían decisivamente sobre el paisaje mediático, ya que en muchos casos se trata de espacios que alternan el flujo unidireccional con soportes analógicos propios de los medios tradicionales.

La digitalización de las tecnologías de producción y la competencia de nuevas pantallas afectó a los lenguajes tanto audiovisuales como escritos. Los diarios y revistas agilizaron sus ediciones con diseños que jerarquizaron el valor de las imágenes y redujeron la extensión de los artículos. Los medios audiovisuales se remozaron tecnológicamente y reorganizaron sus procesos productivos a través de la *tercerización* de su programación, lo que habilitó el surgimiento de una gran cantidad de productoras independientes que por un lado revitalizaron estéticamente a la televisión y la radio, y por otro significaron un ahorro de costos fijos en las emisoras, que delegaron el riesgo en nuevas productoras. Varias de estas fueron más tarde absorbidas por los grandes grupos. La delegación del riesgo tiene dos dimensiones: por una parte, la posibilidad de los canales y las radios de nutrirse con nuevas ideas que contraen riesgos en términos de programación, tanto en la ficción como en los contenidos periodísticos; por otra, la derivación a terceros de costos fijos en propuestas cuya realización mercantil es, en su fase de concepción, incierta.

La organización del trabajo en los medios fue atravesada por los procesos mencionados en un contexto de precarización creciente desde fines de la década de 1980 en adelante, lo cual fue acompañado por la explosión de carreras de comunicación social y tecnicaturas de periodismo que institucionalizaron la formación profesional y proveyeron de ex alumnos no solo a los medios sino también a oficinas de relaciones públicas y comunicación institucional del Estado, las empresas y las organizaciones de la sociedad civil. La precarización se acentuó desde fines de 2015, cuando cerraron numerosas empresas periodísticas dejando un saldo de al menos 3.000 despedidos en un lapso menor que cuatro años.

A diferencia de la convergencia, hay un eje de análisis que dista de ser novedoso, y es la inalterable centralización geográfica de la producción de contenidos en los medios: la zona metropolitana de Buenos Aires sigue proveyendo más del 80% de la programación televisiva originada en el país, y en los medios gráficos el cierre o la absorción de diarios locales por conglomerados mediáticos con sede en Buenos Aires restringió la producción local. Además, sigue siendo extendida la práctica de alquiler y subalquiler de espacios, añadiendo complejidad al peso del licenciatario en el control de los contenidos que emite. Esta práctica, compartida por emisoras del interior del país y del área metropolitana de Buenos Aires, conduce a reformular los esquemas rígidos de vinculación entre propiedad del medio e ideología, toda vez que la inserción de intermediarios (productoras que comercializan espacios, que en algunos casos son productoras directamente vinculadas con conductores radiales y televisivos) añade complejidad acerca del control final de cada producto emitido y entra en conflicto con la idea misma de "propuesta de programación".

Otro proceso distintivo del período es la concentración de la propiedad de los medios. El proceso de concentración de la propiedad de los medios en la Argentina asumió características conglomerales. Esta concentración, alentada por cambios normativos y por decisiones adoptadas entre 1989 y 2008, se desplegó en dos fases: la primera expansiva, la segunda defensiva (Becerra, 2015). Luego de un paréntesis en el que la concentración se detuvo (no se atenuó ni corrigió, pero dejó de aumentar) en consonancia con las políticas de comunicación implementadas entre 2009 y diciembre de 2015 por los dos gobiernos de Cristina Fernández de Kirchner (para un análisis de dichas políticas ver Mastrini y Becerra, 2017), a partir de 2016 se recrearon las condiciones de estímulo gubernamental a la concentración de medios, esta vez en su faceta netamente convergente y alcanzando niveles sin precedentes en América Latina, como lo muestra la fusión entre Cablevisión y Telecom entre 2017 y 2018.

En este contexto, el acceso de los argentinos a contenidos periodísticos es crecientemente intermediado por plataformas globales digitales y no por los productores de esos contenidos, lo cual agrega al panorama descripto un condimento crítico cuyo análisis se profundizará en las páginas siguientes.

Desintermediación a la latinoamericana

A juicio de Baricco, es la cultura occidental de los últimos siglos la que está siendo jaqueada por nuevas prácticas y soportes. Esta mutación acontece en América Latina con importantes diferencias respecto de los países centrales. En Latinoamérica la estructura concentrada, conglomeral y centralizada de la propiedad de las industrias de producción y circulación masiva de bienes y servicios de la cultura y la comunicación (ver Fox y Waisbord, 2002), se conjuga con un proceso de ampliación de las capacidades sociales de expresión (proceso que se inició en los años 80 tras la recuperación de la forma constitucional de gobierno en muchos de los países sudamericanos) y con el decisivo impacto de la convergencia digital que repercute en la crisis de la influencia del sistema de medios de comunicación tradicional. La carencia de servicio público complementa así un panorama singular.

En América Latina el sistema de medios como columna vertebral de la cultura industrializada acusa la crisis a través, por un lado, de nuevas regulaciones que revelan un modelo de intervención estatal diferente del desarrollado durante las últimas décadas del siglo XX en la región y, por otro lado, de la convergencia digital.

En el sector cultural la producción de tendencias sobre los primeros años del siglo XXI permite intensificar las observaciones acerca de la evolución globalizada de una América Latina cuyos procesos de modernización tardía, de constitución nacional al amparo de instituciones estatales y de sincretismo cultural-popular con la colaboración de medios de comunicación audiovisuales (la radio y el cine primero, luego la televisión, con el agregado actual de redes digitales), reclaman una mirada específica y documentada para continuar la necesaria labor de exploración de la incubación en curso.

Suele definirse a las crisis como el momento en que un modelo viejo no acaba de morir y el nuevo no acaba de nacer. La presente transformación de las industrias de la cultura y la comunicación bien podría caracterizarse con esa frase, en un momento histórico en que la disputa por la atención social es estremecida por la expansión de la digitalización y su consecuente multiplicación de soportes que habilitan prácticas culturales novedosas. Las industrias culturales tradicionales (medios de comunicación incluidos) están en crisis, es cierto. Sus modelos de negocios sobrellevan una amenaza terminal y sus audiencias protagonizan una suerte de éxodo incompleto e iconoclasta hacia nuevas plataformas. Pero en realidad el alcance de la crisis es mayor: lo que la llamada revolución digital pone en cuestión es la manera en que se produce, edita, almacena, distribuye, usa y consume la cultura a nivel masivo. Se trata de una mutación social y no solo industrial. Lo que Frédéric Martel llama "capitalismo cultural contemporáneo" refiere a relaciones sociales en una deriva con final abierto.

La centralización fordista de la producción en una misma empresa que, integrada verticalmente, controla todas las fases de agregación de valor, fue reemplazada por sistemas más descentralizados en la ejecución de los procesos productivos pero monitoreados —mediante el uso intensivo de tecnologías digitales—. La creciente presencia de capitales financieros en las industrias de la cultura y, en particular, en los medios masivos, expresa la importancia económica de un sector que se fusiona con las telecomunicaciones y que se disemina —y valoriza— con Internet. La metamorfosis de las etapas de la producción cultural es acompañada por cambios, también hondos, en los consumos, usos y prácticas culturales.

En América Latina la desigualdad económica condiciona la expansión de la revolución de las comunicaciones en los países centrales que, históricamente, presentan un mapa social más cohesionado. Al mismo tiempo, algunos países latinoamericanos adoptan —con compromiso, aplicación y eficacia muy dispares— nuevas regulaciones legales motivadas por la centralidad política y económica de las industrias culturales y su transformación. El escenario socioeconómico, la iniciativa política y de organización regulatoria de los bienes y servicios de la información y la comunicación, y el cambio radical del paisaje tecnológico representan ejes en tensión que se combinan a la hora de examinar los hábitos contemporáneos de recepción y consumo de la cultura.

En el área de la cultura y la comunicación latinoamericanas, más aún que en otros espacios, las políticas neoliberales de fines del siglo pasado se tradujeron en la transferencia de los activos públicos al sector privado. Estas privatizaciones beneficiaron en una primera etapa a capitales nacionales, y progresivamente ese patrimonio fue enajenado a capitales financieros con una marcada e inédita (y en algunas industrias, predominante) presencia de capital extranjero. El análisis de esa estructuración conduce a problematizar su régimen de propiedad, sus modos de financiamiento y sus posibilidades de acceso por parte de diferentes actores sociales, incluso los más postergados a nivel socioeconómico. Ahora bien, esas posibilidades de acceso están también condicionadas por un eje relativo a la arquitectura del sector cultural, lo que remite a reflexionar sobre la convergencia, sobre usos y costumbres, y sobre los modos de intervención estatal en el sector cultural.

El caso argentino merece especial atención. Como se señaló, la Argentina tiene, por lo menos desde hace un siglo, un destacado desarrollo de las industrias de la cultura y de la comunicación en el contexto regional, aunque se trate de un desarrollo afectado por los espasmos de crisis económicas que retraen la actividad del sector e impactan en los hábitos de uso. Como expresaron Aníbal Ford y Jorge Rivera en un panorama descriptivo sobre las industrias culturales argentinas del siglo XX, además de una base productiva diversa en lo editorial y audiovisual con infraestructuras asentadas, el mercado interno de consumidores es amplio debido a la alfabetización extensa de la población, y ello se combinó con la formación de cuadros profesionales que, en el campo de la producción, crea géneros, formatos y posee reconocidas capacidades de gestión y comercialización.

La Argentina es el país latinoamericano con mayor penetración de la televisión de pago, que alcanza al 85% de los hogares. La televisión es el medio de comunicación que, al promediar la segunda década del siglo XXI, ocupaba la mayor cantidad de horas de atención de los distintos sectores sociales, aunque en los últimos años los de mayor poder adquisitivo y, notablemente, los menores de 35 años, protagonizan una migración constante hacia otros medios, pantallas y contenidos, especialmente a través de dispositivos móviles.

Al mismo tiempo, Argentina es uno de los países con mayor circulación de medios impresos *per capita* del continente y es, detrás de España y México, el tercer productor de libros de Iberoamérica. En cuanto a las conexiones a Internet, fijas y móviles, el país está apenas por debajo de los indicadores de Uruguay y Chile, si bien en el caso argentino con una calidad y velocidad de navegación inferior. La propagación de las conexiones móviles es significativa y configura lo que algunos autores llaman un "régimen de conectividad perpetua" por parte de los usuarios consumidores, dada la ubicuidad de los dispositivos multiplataforma que los acompañan durante todas las horas de su jornada, todos los días de la semana, incluso los no laborables.

A partir de 2014 se expandieron las conexiones móviles 4G y la relevancia que adquirieron los datos impacta no solo en el negocio de los operadores, sino que también influyen en una reconfiguración del mercado de terminales, con altas tasas de renovación de los equipos.

La evolución de las comunicaciones y la progresiva "convergencia" de soportes, servicios y la más reciente concentración por la fusión de empresas de telecomunicaciones, medios e Internet no son procesos meramente tecnológicos. La propia definición de tecnología alude al uso y a la apropiación social. La tecnología es, en sí misma, parte de la sociedad. Lo es porque articula usos sociales. Esa relación inseparable entre tecnología y sociedad constituye un eje medular para comprender cambios del pasado reciente argentino, así como del presente, y enmarca el desempeño de los medios e industrias culturales en una sociedad con necesidades y expectativas cambiantes.

Las nuevas tecnologías tienden a desprogramar una lógica de funcionamiento que basó su desarrollo histórico en proveer programación definida a partir del fabricante de contenidos, que coincidía mayormente con el transportador de ese contenido. La convergencia conmueve los cimientos de esa lógica: halla en la desprogramación una de sus características más salientes, a la vez que desagrega distintos eslabones de la cadena productiva, al menos en su fase actual.

La desprogramación es un proceso que excede a los medios y al propio sector de la cultura y la comunicación. La literatura sociológica que estudia el debilitamiento de instituciones "fuertes" o "sólidas" que organizaban una suerte de agenda cohesionada para el grueso de los grupos sociales ayuda a comprender este proceso. Si bien algunas de las teorías que desembocan en el cuestionamiento de la programación clásica como formato organizativo del relato mediático son propias de contextos de países centrales, en donde la calidad de la conectividad es muy superior a la latinoamericana; este proceso es visible también en la metamorfosis de los medios de la región.

Como efecto, el peso de nuevos medios así como la emergencia de intermediarios que no son, en sentido estricto, medios de comunicación, se siente en los balances de las empresas de medios tradicionales, que acusan una merma de ingresos publicitarios, ya que las campañas se canalizan también a través de los medios digitales, y una disminución de sus audiencias, seducidas por la multiplicación de la oferta.

El alcance cada vez mayor del acceso a las redes convergentes está condicionado por fracturas socioeconómicas y geográficas, pero contribuye al proceso de desintermediación de la industria cultural tradicional. Este consiste en la creciente desprogramación de los usos sociales de los medios y en una simbiosis entre el tiempo de vida y el tiempo de conexión y exposición a redes, en las que conviven, de modo conflictivo, los medios tradicionales con servicios provistos por actores corporativos de nuevo cuño y, en muchos casos, de escala global como Google, Facebook, YouTube o Twitter.

Hay que agregar que los servicios convergentes no son solo la adición de los contenidos de información y entretenimiento producidos por las industrias culturales, sino que suponen también nuevos servicios y formas de socialización entre personas y grupos sociales, lo que fundamenta la adopción de conceptos como el de "autocomunicación de masas" por parte de autores como Castells. El carácter masivo de las industrias culturales tradicionales es reconfigurado por redes individualizadas que son masivas en cuanto a su extensión pero cuyos contenidos son *customizados* a través de contactos y, sobre todo, de los algoritmos definidos por las empresas propietarias de dichas plataformas.

Lecturas polarizadas de la crisis

El presente es más aciago para las empresas periodísticas de países de la periferia que no cuentan con el capital ni con las audiencias globales del *The New York Times*, *The Washington Post*, *The Guardian* o *The Financial Times*. Como la profundización de la crisis de los medios en la Argentina coincidió en términos generales con el fin del segundo gobierno de Cristina Fernández de Kirchner y el inicio del mandato de Mauricio Macri, durante el primer año (2016) de su gestión la interpretación de la responsabilidad del cierre de medios de comunicación se acomodó a la polarización de la agenda política.

Así, editores y columnistas afines al gobierno de Macri difundían la hipótesis de que la crisis era el último estertor de la errática, discrecional e hiperdiscursiva inmersión del gobierno kirchnerista en las comunicaciones, lo cual tenía el atractivo de lo (muy) simple y fácilmente compartible. Ejemplos como el vaciamiento del Grupo Veintitrés (de Sergio Szpolski y Matías Garfunkel) eran referencia obligada y reiterada para aludir a las políticas de la anterior administración.

El inconveniente de la explicación es que se trataba de una coartada falsa, como se demostró durante todo el año siguiente (2017), cuando grupos empresariales que predicaron a favor del ciclo macrista con el mismo fervor militante con el que otros grupos comprometidos en sus finanzas lo habían hecho con el gobierno kirchnerista, cerraron empresas como La Razón, la Agencia DyN (Diarios y Noticias) e incluso el propio gobierno encabezó los despidos en el sector al impulsar el desmonte de la agencia estatal de noticias Télam (y que la Justicia ordenó a mediados de 2019 la reincorporación de todos los trabajadores) y la reducción significativa de personal en Canal 7 y en las señales audiovisuales Encuentro, PakaPaka y DeporTV.

Dado el sesgo de la explicación anterior, hay quienes, en cambio, amplían la mirada para aludir a un fenómeno que no solo desborda al kirchnerismo y a los usos que el macrismo realiza de su herencia, sino que supera con creces las fronteras del país y de la región. La escena, que es catastrófica a nivel planetario para la institucionalidad mediática, opera con el poder contundente de la naturalización e impide percibir qué hay de específico en el caso argentino.

El cierre de medios no conoce fronteras y, en particular, afecta a los de escala local, produciendo así una desertificación del espacio informativo en localidades medianas y pequeñas que impacta en su diversidad cultural y en su cultura democrática porque se reducen las perspectivas de análisis e interpretación de la realidad circundante que permiten a la ciudadanía expresar puntos de vista, contrastarlos y luego elaborar sus propias síntesis.

Sí, la crisis es global. La digitalización progresiva de todas las actividades productivas, proceso que desborda a los medios de comunicación y que tiene efectos directos en la estructuración social, económica, cultural y política del mundo contemporáneo, fue también la ruina de la edad dorada de los grandes medios. La intermediación de gigantes digitales globales como Google y Facebook afectó el funcionamiento de la cadena productiva de la información y el entretenimiento quitándoles a las industrias de medios el control no solo de la organización de los contenidos que producen sino, también, de su distribución, exhibición y comercialización. Es decir, que los intermediarios digitales, caracterizados desde los medios como depredadores que parasitan los contenidos creados por estos, lograron insertarse como molestos eslabones estratégicos del ecosistema de contenidos capturando así porciones crecientes de la renta del sector.

Además, como complemento fatídico, las audiencias continúan su migración hacia otras pantallas o propuestas. La fuga, más lenta de lo que se vaticinó, desplaza a los usuarios y consumidores desde lógicas programadas y editadas (radio, televisión, diarios y revistas) hacia ofertas desprogramadas que disuelven el control que otrora ejercían los medios en toda la cadena productiva de los contenidos masivos.

Los efectos de la crisis a nivel global son múltiples según se observe la economía del sector, su infraestructura y soportes tecnológicos, sus usos, aplicaciones y significaciones sociales, su contenido cultural, sus formatos y orientaciones, las políticas públicas de cada país y su sistema de protección a las actividades culturales y noticiosas, las rutinas productivas que involucra y el tendal de despedidos que, a su vez, produce un salvaje disciplinamiento de quienes aún conservan su trabajo, lo que coloca el interrogante sobre la capacidad de articulación y respuesta de los sindicatos ante la actual etapa. Hay ya una biblioteca dedicada a la crisis de los medios, pero uno de sus indicadores más elocuentes hoy es la metamorfosis del Grupo Clarín, que tras ser creado en 1945 como diario y convertirse en multimedios en las décadas de 1980 y 1990, en la actualidad celebra su mutación como operador de telecomunicaciones gracias a la fusión entre Cablevisión y Telecom, convenientemente lubricada con decretos y resoluciones del gobierno nacional.

Por cierto, antes de la irrupción de la era digital los medios tenían competidores en su labor de troquelado de la agenda pública, por lo que sería inexacto asignarles omnipotencia. Otras instituciones (políticas, sindicales, religiosas, educativas, deportivas) disputaban las jerarquías, los enfoques y las atribuciones asignadas a temas y personas protagonistas de la programación de los medios. Estos, además, debían negociar sus prioridades con el humor social para que los llamados atajos cognitivos con los que actuaban sobre valores y encuadres sintonizaran con las tendencias generales de una sociedad pues, a la inversa, sus mensajes caerían en la indiferencia. Esa negociación con el humor y con los valores sociales —humor y valores condicionados, desde luego, por una alfabetización que tenía y en cierta medida sigue teniendo a los medios y al resto de las instituciones como artífices— es una de las sustancias irremplazables que nutren de predicamento a la actuación de los medios, la alquimia que el registro coloquial alude como "el poder de los medios".

La escena digital expresa una doble derrota para planificar desde los medios esa negociación cotidiana con otras instituciones y con el humor y valores sociales en el troquelado de la agenda pública: por un lado, el quiebre de su monopolio en la distribución, exhibición y comercialización de contenidos es percibido por otros actores (como gobiernos y empresas) como una oportunidad para desintermediar sus mensajes y dirigirse directamente a sus interlocutores sin pagar el peaje (simbólico y económico) para usar como plataforma de comunicación a los medios; por otro lado, la irrupción de intermediarios de Internet como Google y Facebook erosiona la capacidad de los medios para medir la temperatura del humor social, las tendencias y gustos cambiantes de los diferentes grupos, así como para interpretar las razones mutantes de la agregación y desagregación de las audiencias.

Cierto es que el ecosistema digital tiene todavía un puente de oro hacia el sistema de medios, ya que es adicto a los contenidos. Y tanto los medios como el entramado de industrias culturales siguen siendo los principales (no únicos) polos abastecedores de los contenidos que son luego distribuidos y también reorganizados por los intermediarios de Internet. "El contenido es rey" es una consigna que tiene validez incluso sobre el cierre de la segunda década del siglo XXI.

Pero el rey ya no está solo, su corona luce oxidada y sus dominios se encogen. La reina es el contexto, como dijo Julieta Shama (Facebook), en una charla organizada por el Centro de Estudios sobre Medios y Sociedad en Argentina (MESO) en 2017. Shama se refería a que el contenido no gobierna en soledad; su reinado no puede pensarse sin el contexto. Y las variables de ese contexto están definidas, de modo creciente, por los intermediarios digitales. El rey debe, pues, ceder sus pretensiones en función de las determinaciones del contexto.

El fastidio que provoca en los medios tradicionales la intervención de Google y Facebook suele obturar la comprensión de las diferencias entre ambos gigantes globales: mientras Google condiciona la circulación de contenidos por su sistema de búsqueda e indexación (lo que motiva quejas de los medios como la difundida por el principal grupo editor de Alemania, Axel Springer, a raíz de la discrecionalidad con la que el algoritmo define la suerte de muchos emprendimientos periodísticos), Facebook es, dentro de la nueva especie de criaturas digitales, una alteración genética que descompagina las ediciones de los medios tradicionales y que aísla las notas embebiéndolas en su plataforma. Mientras Google puede responder a la exasperación de los medios con el hecho de que les aporta tráfico en sus sitios web, aunque les quite renta y los someta a sus criterios de indexación, Facebook asume el control de la exposición de los contenidos, a los que aspira desde los sitios web corporativos hacia su propia red, dosificándolos en la navegación de los usuarios.

Las batallas que dan los medios en el nuevo escenario tienen el gusto amargo del monarca destronado que pretende ser repuesto en el trono, con la ilusoria voluntad de borrar de un plumazo las dos últimas décadas y sus protagonistas. Tal vez sería más prudente y realista mejorar el espacio fundamental que aún conservan, que es el de la creación de contenidos de información y entretenimientos que son socialmente significativos. De otro modo, seguirán perdiendo energías en la recreación de un pasado irrepetible. Como advirtió Darwin en su clásico *El origen de las especies*: "Ni las especies aisladas ni los grupos de especies reaparecen una vez que se ha roto la cadena de la generación ordinaria".

Como siempre que estén involucradas fuerzas sociales y económicas, también ahora el sentido de las políticas públicas puede agravar, mitigar o reconducir hacia otros horizontes la crisis en el sector de los medios. De hecho, basta observar lo que ocurre en términos comparados: en cada país el impacto es diferente, y depende tanto de la capacidad y la voluntad estatal para atenuarlo como de la habilidad de los actores de la propia industria para afrontar una etapa para la cual están muy poco preparados.

Uno de los indicadores más elocuentes de la radical transformación en las formas de producción digital y circulación social de la cultura, de la información y el entretenimiento es que hasta sus protagonistas carecen de una hoja de ruta que los aproxime como guía en el temporal que atraviesan y cuyo horizonte luce insondable. Los dueños y accionistas de las industrias culturales se preguntan si es más necesario para su supervivencia tomar decisiones conservadoras o rupturistas, los trabajadores culturales dudan acerca de cómo podrán, con sus competencias y habilidades actuales, prosperar mañana, y todos los eslabones de la cadena de valorización de sus creaciones auscultan el futuro inmediato con una mezcla de temor y desconcierto. Hasta los financiadores publicitarios emiten señales contradictorias.

Las plataformas de producción de contenidos, así como los medios tradicionales para su distribución y acceso, están asediados por nuevas organizaciones, intermediarios, soportes y dispositivos que, por ahora, conviven en un contexto de alta inestabilidad con los actores de la vieja escuela, varios de los cuales intentan actualizarse, en algunos casos imitando a nuevos medios digitales, en otros realizando alianzas y, también, recreando parte de sus actividades y prácticas.

La incertidumbre organiza hoy el sector de las comunicaciones. Pero si la política pública no atiende las grandes asimetrías que surcan el escenario de la cultura global, la digitalización será una oportunidad de crecimiento y progreso desaprovechada.

El nuevo ecosistema digital encandila con su amigable promesa de apertura, acceso ilimitado y conservación infinita de contenidos que no son sometidos a desgaste, cuando, si bien crea posibilidades inéditas de producción y circulación de información y entretenimientos, también establece peajes en los cuales se incuba una cultura iconoclasta en la que solo las especies con mejores aptitudes para amoldarse al cambio perpetuo podrán sostenerse.

CAPÍTULO 2

El consumidor en la era digital

Por Mariela Mociulsky.

Licenciada en Psicología (Universidad de Buenos Aires), con estudios de posgrado en IAE (Desarrollo Directivo), en Investigación de Mercado y Opinión Pública (UBA) y en Psicología Social. Especializada en Investigación de Mercado y Análisis de Tendencias, con más de veinte años de experiencia desarrollada en consultoras y dirección de proyectos de alcance regional para marcas líderes. Fue gerente general de Consumer Trends del grupo CCR para Argentina, Paraguay y Uruguay. Actualmente es directora socia de Trendsity, docente en la Universidad San Andrés, en la Universidad de Palermo, expositora en Vistage y disertante de seminarios en América Latina. Es miembro de ESOMAR y SAIMO.

Nuevos hábitos y comportamientos frente a las marcas

La revolución digital determinó cambios en la relación de cada generación de la sociedad con las tecnologías de la información y la comunicación. Permitió una amplia posibilidad de expresión y también dio lugar a la apertura de los canales de intercambio hacia y desde los consumidores. Es así como, ante esta ola de cambios, se perfila un nuevo consumidor, activo en su participación digital, que comparte y crea contenidos según sus preferencias, y con escasas limitaciones.

El uso masivo de las redes define constantemente nuevos comportamientos sociales que borran diferencias entre el mundo real y el mundo virtual. La globalización y la llegada de Internet trajeron consigo un cambio de conducta y, por ende, en el vínculo con empresas y marcas; vínculo que se torna, ahora, casi simétrico.

Con el avance exponencial de la tecnología resulta cada vez más fácil superar las barreras que imponían el tiempo y la ubicación. El crecimiento vertiginoso de este nuevo mundo virtual da lugar al intercambio de contenidos y novedades extremadamente rápido. Los consumidores son capaces de informarse y de compartir, sin intermediarios, sus experiencias sobre productos o servicios en cuestión de segundos y desde cualquier geografía. Las personas tienen mayor poder y un medio de comunicación en sus dedos de las manos con el que pueden afianzar, aplaudir, quejarse, cuestionar y hasta perjudicar la reputación de una marca.

La presencia de las marcas en las redes sociales comenzó a resultar fundamental en este nuevo paradigma, obligando a las marcas a aprender a desarrollar su identidad digital para la conversación con sus destinatarios. El canal oficial de una compañía en cualquier red es ahora bidireccional porque se trata de un diálogo directo y continuo: el mecanismo de comunicación unidireccional ha dejado de funcionar, las marcas que continúan con su antiguo discurso corporativo están abocadas al fracaso en medio de un ecosistema digital en el que el protagonismo de los consumidores es máximo.

Inmigrantes vs. nativos

Ahora bien, no todas las generaciones se comportan de la misma manera con las redes sociales. El autor Marc Prensky describe dos grupos generacionales: los "inmigrantes digitales", aquellas personas nacidas antes de 1980, y los "nativos digitales", nacidos después de 1990. Ambos grupos se diferencian principalmente por su relación con la tecnología y el modo de acceso a la información. Los inmigrantes digitales tienen un gran vínculo con la vida análoga y se sienten familiarizados con los artefactos culturales que los acompañaron en su infancia. No obstante, ante el advenimiento de la revolución digital resulta imposible desconocer los beneficios de los nuevos recursos tecnológicos con los que cuenta cada consumidor en su hogar, motivo por el cual cada usuario decide emigrar a nuevas experiencias y cualidades de los nuevos dispositivos. Aún así, para ellos, el lenguaje digital es una segunda lengua, que pudo haber sido adquirida en la vida profesional y que todavía están aprendiendo a utilizar. Aunque adopten las nuevas tecnologías y modalidades, existen ciertas situaciones que indican falta de hábito e inseguridad. Por el contrario, la generación moderna o N-GEN (Generación en red), denominada por Prensky como nativos digitales, agrupa a aquellos usuarios cuya lengua materna es el lenguaje digital. En este sentido, la realización de tareas al mismo tiempo (lo que se denomina *multitasking*), la velocidad de acceso a la información, la elección y preferencia por el trabajo e información en red son aspectos comunes entre estos consumidores. De aquí que tanto se haya escrito sobre las diferentes generaciones, que nacieron o que crecieron con las nuevas tecnologías como parte de sus vidas. Especialmente se ha estudiado a los *Millennials* o generación Y, y ahora también, a los *Centennials* o generación Z.

Referirse a las generaciones implica comprender que cada una de ellas está constituida por un grupo de personas que comparten un determinado rango de edad y que por eso vivieron en un momento histórico específico, con acontecimientos sociales que tuvieron una significación especial y que influyeron o determinaron sus vidas. El grado de desarrollo de las tecnologías diferencia a cada una de ellas, aunque de todas formas hay que considerar las particularidades y coyuntura locales. Por ejemplo, se conoce claramente el contexto que definió a los llamados *Baby boomers* dada la explosión de la natalidad luego de las guerras mundiales, una generación que valora especialmente la seguridad económica. Su relación con la tecnología evolucionó en algunos casos hacia el aprendizaje de nuevas propuestas de comunicación y vivieron todo tipo de tecnologías: desde la llegada de la televisión blanco y negro a la de color, vieron aterrizar al hombre en la Luna, compraron relojes digitales, usaron teléfonos de disco y de tono, el fax, Internet y smartphones, y hoy aproximadamente un 60% está en línea casi permanentemente. Luego, la generación llamada X, caracterizada por cierto desencanto y apatía, vivió eventos como la llegada del SIDA y la caída del muro de Berlín, se enfrentaron a las utopías de los años 60 y se la conoce como una generación más individualista y pragmática, y es con ella cuando comienza a valorarse más que antes la posibilidad de ser emprendedores. Son creadores e impulsores de la tecnología y buscan estar actualizados. Los miembros de la generación X son los padres de los Millennials y Centennials. Los Millennials son considerados la primera generación global; como eventos significativos vivieron el atentado que causó la caída de las Torres Gemelas en Estados Unidos, por ejemplo, incorporaron Internet a sus vidas en la niñez o adolescencia y deben su denominación de Millennial a que serían los primeros adultos en el cambio de milenio, crecieron con más exposición a la información y aunque no todos son nativos digitales, el conocer más opciones también los hizo más abiertos a la prueba y el error, a hacer un camino tal vez en zigzag buscando enriquecerse personalmente en el recorrido, más que llegar a un éxito predeterminado, como sucedía en las generaciones anteriores. Aunque esto no quiere decir que no sufran la incertidumbre, ya que la multiplicidad de opciones o el futuro del trabajo en muchos casos les genera angustia. Internet es parte de sus vidas, son la generación con mayor formación y muy valorados en las organizaciones, y si bien la flexibilidad es muy importante para ellos, son muy comprometidos cuando un proyecto los convoca desde sus valores, tales como la autenticidad y la honestidad, y desde sus pasiones.

Los *Centennials* comparten parte de estos rasgos, las causas, sentido y propósito de lo que hacen y sus proyectos personales son muy importantes. Ellos son los verdaderos nativos digitales y se diferencian de sus antecesores porque no han vivido en la transición: ya nacieron con la tecnología y por eso son los más activos. Son también más realistas, pragmáticos y se sienten empoderados, analizan cuidadosamente el discurso de las marcas y son hábiles a la hora de comparar beneficios. También valoran los contenidos de las marcas y la posibilidad de crear junto a ellas usando la inteligencia y la economía colectiva. Al igual que los *Millennials*, el futuro les importa y se sienten presionados al saber que dependerá de ellos lograr sus objetivos en un mundo más incierto y competitivo.

La llegada de estos nuevos grupos generacionales produjo una disrupción que obligó a los profesionales de marketing a redefinir sus estrategias de comunicación, repensando dónde y cómo alcanzar a su público objetivo.

Transformaciones y más transformaciones

Mientras que en el pasado las marcas se dedicaban a innovar, desarrollar y publicitar productos basados en las intuiciones de los grandes creadores y pioneros industriales, creando la oferta sin tener demasiado en cuenta la demanda, actualmente se ven impulsadas a colocarla en el centro de todo el proceso ya que es el consumidor quien prácticamente exige una demanda a medida. Además de estar más informado, es complejo y exigente, en él radica un poder que obliga a interpelarlo y estudiarlo de diferentes e innovadoras maneras.

El estudio del comportamiento del consumidor y la investigación de mercado solía centrarse en metodologías cuantitativas y cualitativas, cuyo énfasis se colocaba en el poder de la recolección de datos. La AMA (American Marketing Association) definía el marketing como: "El proceso de planificar y ejecutar la concepción del producto, precio, promoción y distribución de ideas, bienes y servicios para crear transacciones que satisfagan tanto los objetivos individuales como los de las organizaciones". No obstante, con el avance del tiempo, nuevas demandas fueron impuestas al enfrentarse a un consumidor más sofisticado, más empoderado, saturado, impaciente y más escéptico respecto de las propuestas y promesas del mercado. El propósito siempre fue explorar sobre las vidas de las personas: cómo viven, sus rutinas, sus gustos y aversiones, sus actitudes, opiniones y sus creencias. Frente a un panorama en constante cambio, comprender a las personas y descubrir sus necesidades, deseos y hacia dónde se proyectan, nunca ha sido tan central para que las empresas satisfagan a sus clientes. Es así como, ante la necesidad de adaptarse a los rápidos y profundos cambios experimentados por el marketing, después de veinte años, la AMA (American Marketing Association) redefinió el concepto enfatizando el poder de construir relaciones estrechas con los clstientes. La nueva definición explica que el marketing es una función de la organización y un conjunto de procesos para la creación, la comunicación, la entrega y para gestionar las relaciones con los clientes de modo que se beneficien tanto la organización como sus grupos de interés.

La expectativa de acceso a la voz de los consumidores crece cada vez que, en la nueva era digital, se incrementan las fuentes para obtener la información de forma espontánea y en tiempo real.

Datos vs. análisis

En un contexto donde domina el paradigma del *big data*, es posible obtener una cantidad casi infinita de datos a disposición. No obstante, la complejidad que genera medir la eficacia de los contenidos hace que una de las áreas más importantes y relevantes de trabajo sea la curaduría. El foco de valor deja de ser la obtención y se corre hacia el concepto de articulación, de interpretación para convertir datos en saber, en información.

La capacidad de hacer operable esa información, para que juegue a favor de la estrategia, es el verdadero desafío. Con ese fin, se requiere la formación de una capacidad analítica, también en tecnologías y metodologías emergentes, y el desarrollo de habilidades de consultoría para colaborar en la toma de decisiones y contribuir con las necesidades del negocio. Gran cantidad de datos no necesariamente significa que sean buenos datos sin la correcta interpretación, porque existe una gran diferencia entre los datos y el saber, un conocimiento profundo y productivo.

Basadas en los nuevos poderes del consumidor, protagonista activo que desea ser artífice de su propia satisfacción y que no solo elige productos sino que les da un significado que ayuda a estructurar su propia identidad, surgieron nuevas técnicas de investigación que lo integran. Con la ayuda de la tecnología, se crean formas colaborativas que integran al consumidor en la co-creación de las empresas, generando un diálogo directo a través de talleres, comunidades online, concursos, votaciones, convertirlos en cazadores de tendencias y otros tipos de propuestas de trabajo entre empresas y potenciales clientes con el objetivo de innovar y crear valor para ambos agentes. "Las compañías no solo escuchan a los clientes y satisfacen sus necesidades, sino que también los involucran en las actividades de marketing para co-crear valor" (Petri y Jacob, 2016).

Otra técnica es la netnografía, que deviene como deudora de la etnografía, un método fundamental de la investigación socioantropológica cuyo propósito es investigar el comportamiento real del consumidor y comprender su lógica de consumo y las tendencias culturales mediante un proceso de acompañamiento de su vida cotidiana. La netnografía consiste en esta misma indagación pero en los escenarios virtuales que hoy son también donde vive la gente y donde es posible conocer las preocupaciones, gustos, intereses y opiniones de los consumidores con el fin de capturar los insights más genuinos y espontáneos.

En un escenario de cambios tecnológicos tan acelerados es necesario crear y probar constantemente nuevas formas de abordaje al consumidor para comprender las actitudes de los usuarios frente a determinados productos y servicios, usar las plataformas disponibles y articular los conocimientos al servicio de la toma de mejores decisiones para definir cómo diseñar el diálogo con cada target. Los modelos del siglo XX dejaron de ser fructíferos y, en el siglo XXI, la estrategia empresarial de colocar al cliente en el centro pasa a ser la clave del éxito. El objetivo común es, al fin y al cabo, lograr esa conversación bidireccional con los consumidores para forjar vínculos de comunidad e identidad. El proceso de democratización de la economía exige entender el profundo cambio que atravesaron las relaciones entre el mercado y los consumidores.

¿Obstáculos o facilitadores para las marcas?

El nuevo contexto plantea nuevos retos para las empresas: hoy se trata de crear valor, comunicar, conversar e interactuar con los consumidores para demostrar que entienden sus necesidades y dan respuestas. Honestidad, autenticidad, transparencia, coherencia y cercanía pasan a ser valores cada vez más importantes para los consumidores que son por su parte menos ingenuos y más activos productores.

La metamorfosis del consumidor tradicional obligó también a las empresas a redefinir la forma en la que interactuaban con los clientes y a evolucionar su cultura organizacional: empoderar a una organización para que sea fundamental entregar interacciones personalizadas y contextuales.

Orientados cada vez más a crear una conexión emocional con el usuario, la sintonía con los valores ideológicos de los clientes para generar identificación y un apego emocional parecen ser los componentes del camino hacia la lealtad a la marca, la valoración subjetiva de ella y la intencionalidad de volver a comprar.

Marc Gobé describe en su libro *Emotional Branding* las 10 bases que toda estrategia de gestión de marca emocional debería tener: la proporción de un trato personalizado al cliente; el desarrollo de una línea comercial congruente con los valores de la marca; el aporte de un valor agregado a los productos y servicios que satisfaga las necesidades secundarias de los clientes; el esfuerzo por ofrecer más bien una experiencia de consumo que un producto o servicio en sí mismo; la transmisión de un mensaje comercial significativo; el desarrollo de una personalidad de marca; la integración de las emociones y sentimientos en la creación de un producto; la búsqueda de presencia; el establecimiento de un canal bidireccional entre empresas y clientes, y, por último, la proporción de un servicio postventa personalizado. Además, las marcas necesitan poner foco en la innovación continua, dado que esta conlleva a la diferenciación.

Uno de los grandes retos a los que se enfrentan las empresas hoy en día es el de encontrar la forma para que su presencia en el mercado se solidifique y persista. Kevin Roberts expone en su libro *Lovemarks* que la supervivencia de las marcas dependerá de la creación de productos y experiencias capaces de crear vínculos emocionales profundos y duraderos con sus consumidores. ¿Se puede lograr, entonces, el amor hacia una marca? En respuesta a este interrogante, el autor acude al término *lovemarks* para referirse a aquellas marcas y empresas que logran crear lazos genuinamente afectivos con las comunidades y redes sociales en las que se desenvuelven, y despertar una elevada lealtad. Los consumidores pasan a entablar una relación personal con la marca y actúan como sus guardianes morales. Ahora bien, ¿cómo se preserva este vínculo? Cierto es que algunas marcas son capaces de provocar un apego emocional. No obstante, estos beneficios pueden estar acompañados de problemas potenciales como la invasión de la privacidad y el abuso de la relación cercana con sus consumidores.

En síntesis, se trata de la comprensión de valores y emociones, el trato personalizado sumado al desafío del respeto de la privacidad y lograr relevancia para la bidireccionalidad de la conversación. En este escenario cabe preguntarse: ¿cuáles son esos valores determinantes para los diferentes segmentos de consumidores? ¿Cómo podemos conocerlos? El abordaje del estudio del consumidor tiene como prioridad la focalización en el conjunto de valores de cada persona que influye directamente en las actividades cotidianas de consumo. Cada cultura transmite a sus miembros valores diferentes o comunes a otra. A su vez, dentro de una misma cultura, los consumidores conviven diferenciándose al identificarse con diversos intereses, formas específicas de arte e ideologías. Estas microculturas nos definen y ejercen una fuerte influencia sobre nuestra identidad. "Lo que pensamos sobre nosotros, los objetos que valoramos, lo que nos gusta hacer en nuestro tiempo libre o incluso aquello que nos hace sentir mejor, todos estos factores sirven para determinar qué productos presionarán nuestros botones" (Michael Solomon, 2016).

La segmentación tradicional se hace más compleja cuando es preciso conocer las tendencias que hacen eco entre diferentes tipos de audiencias para establecer una comunicación estratégica. Planteado así, el consumo hoy en día funciona más que nunca como constructor de identidad. Aquello que se consume excede en mucho al "producto físico": se consumen experiencias, valores, e imaginariamente se incorporan las actitudes asociadas con ellos.

Si bien es evidente que factores tales como la edad, el género, la clase social y el estilo de vida, influyen sobre los deseos e intereses de los consumidores, hoy en día grandes tendencias comunes a muchos segmentos determinan nuevos perfiles actitudinales.

Lo efímero y lo relativo

Hubo un tiempo donde el peso de las instituciones, la dureza del tejido social y un profundo sentido de previsibilidad regían los destinos de las personas. Hasta no hace muchos años, el camino hacia el futuro se delineaba con certezas y claros marcos de referencia, que permitían la construcción de identidades sólidas y unívocas. Disciplina, perseverancia y un sentido de autopostergación en pos de un bien mayor eran actitudes meritorias y funcionales al sistema social de entonces. En la actualidad, en un escenario atravesado por lo efímero y lo relativo, emerge entonces un nuevo sujeto que, si bien es más autónomo, también es más solitario, con posibilidad de adquirir múltiples identidades, fragmentadas e incluso contradictorias. ¿Qué ocurre cuando ese gran marco de referencia social se retira? ¿Qué cambios tienen lugar cuando el mercado y la acción efímera del consumo se consolidan como esferas de identidad y pertenencia? ¿Qué clase de sujetos emergen? ¿Se extiende la lógica de la transacción, compra-venta-desecho al resto de los vínculos sociales? ¿Cuáles son los nuevos valores y preceptos que rigen el éxito en este nuevo escenario social?

En la actualidad, las coordenadas son menos prolijas y unívocas. El arte, la política, la moral, la identidad sexual, el amor, los estilos de trabajo, los productos, los consumos están atravesados por un denominador común: la ambigüedad. El futuro es más incierto. Lo relativo cobra peso en escena, desdibujando los límites, incluso volviendo relativo lo que parecía menos cuestionable. La diversidad y la multiplicidad de opciones ofrecen un amplio abanico de posibilidades que se despliegan ante un sujeto con mayor libertad de elección entre las propuestas del mercado. La autonomía y la creatividad se perfilan como las nuevas capacidades para salir airoso de esta maraña de estímulos.

En el mundo incierto que habitamos, todo muta rápidamente y nada parece imposible. Si la sociedad de productores estaba signada por la obtención de sensación de progreso y seguridad era porque estaba atravesada por instituciones sólidas, grandes y perdurables que traían consigo una promesa de disfrute a largo plazo y sostenidas en el tiempo. Las promesas para el futuro son hoy demasiado inciertas como para apostar a ellas. Hoy es más seguro apostar al minuto, y la seguridad se sostiene cada vez más en bienes intangibles, menos amenazados por la posibilidad del deterioro o la pérdida, como la búsqueda de la espiritualidad, el aumento de la autoestima o la capitalización de nuevos saberes vinculados menos a lo académico que a la extensión del disfrute y el buen vivir.

Megatendencias, las coordenadas culturales

Para poder comprender el telón de fondo sobre el que se inscriben estos nuevos fenómenos, es importante entender sus coordenadas, los ejes que las encuadran y transforman. Los efectos de esta revolución digital que democratiza accesos y horizontaliza jerarquías exige más que nunca apreciar los grandes cambios culturales que este nuevo escenario trae aparejado.

Denominamos megatendencias a las fuerzas culturales axiales, durables, que transforman la economía y los negocios; en definitiva, la manera de poner en juego los roles sociales. A su vez, de cada megatendencia se desprenden tendencias más móviles, que se van gestando constantemente. Las megatendencias o macro fuerzas, en cambio, son determinantes estructurales que sostienen los hilos del reticulado de valores actual.

Fronteras más porosas

Los límites se desplazan, relativizan y pierden nitidez, flexibilizando y permeando sus fronteras. Géneros, culturas, productos, espacios se conectan de múltiples formas generando en su fusión más y más posibilidades. Los bordes se desdibujan, la hibridez impacta en los vínculos. Incluso se difuminan los límites entre generaciones (la edad es cada vez menos una variable eficaz para describir a las personas porque se trata cada vez más de una cuestión de actitud), así como entre público y privado, alentando una suerte de sociedad confesional donde lo privado queda cada vez menos velado y más expuesto. Asimismo, en el consumo se verifica esta hibridez en las propuestas de producto que toman atributos y promesas de diversas categorías que en otras épocas hubiera sido descabellado considerar en conjunto. (Así, es cada vez más complejo determinar oportunidades y amenazas desde el punto de vista de las marcas, y también más desafiante sorprender a los consumidores, que, más informados y sofisticados que nunca, esperan lo mejor de todo lo que conocen, como la personalización y rapidez de la tecnología, la calidez del contacto real, la efectividad de lo farmacéutico, entre otros.)

Ejemplos:
- Juguetes sin género. Harrods abrió una sección de juguetes en la que se abandonó la separación entre lo masculino/femenino, la organización es por zonas temáticas.
- Arredo, en su comunicación, muestra diversos tipos de familias: nuclear, monoparental y homoparental.
- Mascotas como hijos en Ikea: línea de muebles especiales para las mascotas, con estilo y diseño.

Raíces móviles

La movilidad es clave; existe una necesidad de circular "liviano de equipaje", sin muchas ataduras. La capacidad de fluidez y la flexibilidad valen cada vez más. La construcción de la identidad es progresivamente más personal y permite anclar en lo verdaderamente distintivo de cada uno, lo que otorga un anclaje un poco más seguro ante tanta hibridez. Sin embargo, esa identidad es plástica, se define en movimiento y de manera más provisoria permitiendo ser más dinámicos y estar siempre preparados para seguir evolucionando. Se participa, por ejemplo, de múltiples comunidades: ambulantes, virtuales, por un día (u horas) donde ni permanencia ni presencia física son mandatorias.

Ejemplos:

- Ikea gamer: línea de sillas especialmente pensadas para movimiento y hábitos de quienes juegan online.
- Clinique Fit: línea creada especialmente para usar luego del gimnasio.
- L´Oréal Make up Genius: una app que mediante reconocimiento facial te permite probar los maquillajes de acuerdo con tus rasgos antes de comprar.

Egobalance

El yo y el cuerpo se transforman en la sede de las certezas sobre las que sí puede tenerse control. Se asume la responsabilidad sobre el bienestar y la búsqueda de felicidad. Y se asume que ese bienestar está en el encuentro del equilibrio. Un equilibrio que puede estar compuesto de variables aparentemente contradictorias y que se arman según perfiles de consumo. Así, vemos que pueden convivir el permiso para la tentación más "pecaminosa", a veces como forma de reconocer lo humano, lo imperfecto de cada uno, junto con la búsqueda de la desintoxicación de estímulos, la vuelta a lo básico y el ejercicio de rutinas compensatorias más tradicionales (como el caso del fitness, vegetarianismo, entre otros).

Ejemplos:

- Multicare seguros (Brasil) ofrece una cuota menor si se realiza actividad física frecuente. Premia la vida saludable del consumidor.
- Lulemon Wellbeing Program: la marca de fitness creó programa de clases en sus locales, incluye yoga, *mindfullness*, meditación.
- Brain Dust, inteligencia comestible. Mezcla de superhierbas y superhongos para combatir el estrés e incrementar la productividad y la creatividad.
- Headspace for Kids, meditación guiada para niños.

Concientización de la responsabilidad

Ante una naturaleza vapuleada y potencialmente revanchista y amenazante, el ser humano es interpelado como protagonista y artífice del destino planetario. Alinearse con causas ecologistas o prácticas a favor de la sustentabilidad, no dilapidar los recursos y ser respetuosos con el contexto (natural) parece cada vez más un deber del buen consumidor. Los modos de consumir siempre son solidarios con los contextos de producción en que se inscriben. En un contexto progresivamente más incierto, donde posponer el disfrute carece de mérito (dado que no es posible programar un placer futuro asegurado) hay cierta urgencia por consumir que corre paralela a una desvalorización del ahorro, porque la incertidumbre puede licuar de la noche a la mañana todo el sacrificio en juego. La libreta de ahorro, símbolo de una siempre futura fortuna, queda relegada hoy frente al disfrute del presente; no es de extrañar que lo consumido ya haya sido relegado al basurero antes de haberlo terminado de pagar. Pero ¿por qué este fenómeno se produce ahora? Por el enlace perfecto de dos fenómenos en apariencia distintos, pero que en su empalme logran un pacto muy consistente: por un lado, se vino produciendo un desgaste de los discursos asociados a los beneficios concretos y cada vez menos diferenciales de los productos. Lo que podía funcionar bien en un contexto de mercado más sencillo y apoyado en los atributos intrínsecos de los objetos (la heladera más durable, el auto más grande), se vuelve insuficiente cuando las categorías se tornan cada vez más híbridas, la información a la que accede el consumidor crece exponencialmente, y no cesa de reconfigurarse lo que se considera competencia. Las marcas comienzan a vender mucho más que productos: se diferencian por las experiencias de marca que proponen, ancladas en valores y constructoras de un determinado estilo de vida y de personalidad. Esto hace de las marcas verdaderas instituciones, en tanto se deslindan en parte de los objetos/productos a los que prestan su nombre para funcionar como "significantes sociales" transmisores de valores y dadores de sentido. Por otro lado, tiene lugar una crisis muy profunda en las instituciones sociales, tales como la familia, la escuela, el Estado Nación, las que históricamente se encargan de proveer valores, inculcar conductas adecuadas y marcos para construir identidad. Son matrices de sentido que ayudan a tener una visión común y ofrecen pistas para edificar una imagen social aceptable y adecuada. La diferencia actual es que estas instituciones se encuentran demasiado fragmentadas, desdibujadas y devaluadas como para permitir una construcción eficiente.

Ejemplos:

- Lacoste y el reemplazo del icónico logo por el de 120 especies en peligro.
- Head & Shoulders crea el primer empaque a base de plástico recuperado en la playa.
- Carrefour blockchain. Plan de trazabilidad de frutas, verduras y pollos para que el consumidor sepa cada paso seguido hasta llegar al punto de venta.
- Renner: los consumidores reciclan en la tienda las prendas de la marca.
- Grove ecosistema, la aplicación del MIT que permite a las personas cosechar vegetales en su casa, con asesoría y consulta a la comunidad ante problemas o necesidades.

Neoconectividad

La importancia de la conectividad redefine el significado de la pertenencia sociocultural y los modos de relacionamiento. Se resignifican los conceptos de tiempo y espacio. Gracias a la tecnología podemos estar lejos de quienes se encuentran cerca (distraídos o aislados por culpa de un exceso de tecnología) y cerca de quienes estamos lejos (la posibilidad de estar en contacto con amigos y familiares que se encuentran físicamente lejos, pero que gracias a la tecnología podemos sentir a nuestro lado). Estar ubicable para poder ser contactado y tener acceso a la red social resulta vital para tener existencia social.

Ejemplos:

- Microubicación por dispositivos *beacons*. La tecnología dentro de las tiendas que permite enviar información de descuentos y promociones.
- Hi Mirror. Espejo que recomienda productos basado en la inteligencia artificial. Un motor de análisis de piel que recomienda rutinas y productos.
- L'Oréal y el sensor de exposición solar aplicado en la uña. Mide la exposición y conecta a una app que recomienda productos para proteger la piel.
- Levis + MasterCard: espejos que reconocen las prendas colgadas en las perchas y pueden aceptar el pago de aquellas que el consumidor quiera llevarse.

Seis valores clave

Dada la conectividad 24/7, la subjetividad y los comportamientos cotidianos se modifican. Lo que observamos en nuestras investigaciones es que pasamos de una primera etapa donde había ciclos de conexión y desconexión a una vida conectada en forma permanente, donde, por ejemplo, estar offline realmente se vuelve un lujo para pocos.

Observamos también una reivindicación del contacto físico y del momento cara a cara, de las comunidades, de estar con otros, sin celulares ni otros dispositivos. Frente al avance de los robots y la automatización es evidente que se está buscando rescatar aquello que nos hace únicos e imposibles de copiar frente a las máquinas, lo netamente humano. Estamos en un momento donde, a diferencia de unos años atrás, en el centro de la escena encontramos la pregunta del porqué del desarrollo tecnológico, de su impacto en las personas, de la ética; quizás sea un momento más reflexivo que puede modificar lo que nos traiga el futuro.

En este contexto las personas sortean la sensación de orfandad de las instituciones afiliándose a las marcas que los esperan de brazos abiertos para confirmarlos, hacerles un lugar valioso en el mundo, darles sentido de pertenencia y ofrecerles un amparo simbólico. Ante la caída de las grandes narrativas y discursos sociales, el mercado, en sus diferentes formas, incluidas la opción antimarcas como otro mandato de la época y de algunos perfiles, asume la función vacante de proveer valores, asignar lugares e incluso disponer mandatos a los que acomodarse (o a los que rebelarse). En otras palabras, ante los consumidores ávidos de encontrar nuevos sentidos son los discursos los que pueden capturar cada vez más *share of voice* en la transmisión y distribución de sentido.

También ocurre que cuando las personas se afilian al mundo simbólico de las marcas, la sociedad de consumidores refunda y reproduce las relaciones interhumanas a imagen y semejanza de las relaciones que se tienden entre los consumidores y sus objetos de consumo. Así, el sujeto se convierte en un producto en sí mismo, casi tan *tuneable*, intercambiable y descartable como los productos que puede comprar y consumir.

Es fácil observar cómo la escasa vida útil de los productos, la desvalorización de la durabilidad, el corto camino entre el objeto deseado y el residuo, se transfieren a la lógica de las personas devaluando lo que pudo haberse visto como un capital: los años, la permanencia mucho tiempo en el mismo lugar hoy se cargan de sentido negativo. Así como los objetos pierden rápidamente su lustre, las personas reproducen la práctica del consumo para evitar pasar inadvertido en este mercado de identidades.

Hoy, los discursos de las marcas necesitan proponer valores relevantes y los consumidores disponen de opciones como visas para comulgar con ellos. El mercado no los deja en suspenso, sino que los aloja, los contiene, funciona como un verdadero proveedor de sentido al que se accede con cada acto de consumo.

La indulgencia, la vitalidad, la naturalidad, la autovaloración, el cuidado y la autodeterminación configuran el set de valores clave que predestinan qué actitudes estarán más estimuladas, y (dado que serán más aplaudidas y admiradas) serán ejercitadas y ejercidas con mayor vigor.

Indulgencia

Se define por exprimir intensamente el placer de cada instante. No debe confundirse con ostentación ni con una diversión excedida, saturada, al límite; se trata de un disfrute permitido pero dosificado, entendido y entrenado, un saber disfrutar la vida. Ante las contingencias que puede deparar el futuro, no hay nada mejor que invertir en un disfrute actual seguro. Mejor será paladear placeres más íntimos, cotidianos, que permeen en las rutinas y funcionen como pequeños desquites que no lleven al desborde pero ayuden a sentir más "plena" la vida. Actitudes hedonistas, sensibles hacia el placer, gustosas de conectar con experiencias de disfrute, capitalizan a su portador como una persona que sabe aprovechar la vida, y posiblemente sabe transferir y contagiar este don a los demás. Por eso, este capital genera un aura de gran atractivo, las personas autoindulgentes no por "auto" disfrutan solas.

Vitalidad

Se vincula con el objetivo de mantener en alto y en positivo los niveles de energía física y anímica, y funciona como un recurso básico del valor anterior. La vitalidad no viene sola, el mercado es un surtidor constante de pequeñas dosis de inmunidad y energía física y espiritual que ayudan a mantenerse ágil, con fortaleza, encendidos, con chispa. La vivacidad es fundamental para no opacarse y mantenerse vigente. En términos mentales, no se traduce tanto a tener una mente brillante como a ser curioso, creativo, vivaz.

Naturalidad

Se define por revalorizar lo no artificial, probablemente como síntesis superadora de la época de los noventa donde la cubierta de maquillaje hacía más deseables las cosas. Es solidario de ciertas actitudes: ser auténtico, honesto, original, único, para lo que conviene no reprimirse, no estructurarse ni impostarse. Ser obsesivo, acartonado o incluso detallista atentan contra la naturalidad. Ser despojado, en cambio, ayuda a moverse con liviandad y más orgánicamente. Responder al mandamiento de ser espontáneo y auténtico quizás sea incluso más difícil de construir que alinearse a un ideal estético más comprable y masivo. Ser espontáneo a pedido del otro (social) resulta paradojal; sin embargo, también concita un costado liberador: no ser perfeccionista, poder reírse de lo humano más fallido, no ocultar las vacilaciones o los momentos donde las escenas nos superan... ser menos hombres-máquina y ser más humanos. Inspirarse en la naturaleza y ser más a imagen y semejanza de ella: frescos, expansivos, fluyentes y simples.

Autovaloración

Parte de la necesidad de contar con parámetros de éxito definidos de manera más personal y provisoria. Se depende cada vez menos del reconocimiento del otro, la vida no se concibe como una carrera por una gran medalla sino que las condecoraciones se apoyan cada vez más en gratificaciones individuales, no tan ofrecidas al servicio del aplauso del otro. La individualidad cobra peso, sentido y tiene un efecto multiplicador positivo porque se entiende que mejores individualidades construyen un mundo mejor. Es decir que, a diferencia del individualismo, la individualidad se autoabastece: no implica que se logre a costa de otros, más aún, confía en que si cada quien logra dar la mejor versión de sí mismo, a todos les irá mejor. El componente "auto" de la autovaloración parte de cierto descreimiento del lugar del otro: ¿desde qué lugar el otro puede valorarme o no? Habiendo perdido fuerza las estructuras jerárquicas de conducción, pasa a ser uno mismo quien evalúa la medida de su éxito en función de metas personales múltiples y no necesariamente convergentes. Por supuesto, esto conlleva mayores dosis de autocrítica, el ojo del otro es cada vez más reemplazado por el susurro de la voz interior.

Cuidado

Este valor implica preservarse lo más posible de las amenazas del afuera; refugiarse en lo íntimo, en el origen (lo no contaminado, lo conocido) como estrategia de supervivencia y amparo ante el aturdimiento, la vulnerabilidad y la fragmentación social. Saber cuidar los recursos propios (personales, comunitarios, planetarios) y ser cuidadoso con los demás. El autocuidado como deber de buen "ciudadano" y el descuido como delator de la medida de aprecio merecido y personal, porque "cuidarse es quererse".

Autodeterminación

En este caos puede traducirse en no quedarse esperando que las cosas sucedan, sino hacer que sucedan. Ser responsable pero no en su versión más moral, del lado del deber ser, sino en su cara ética: ser consecuentes con los deseos que pulsan desde adentro, no acallarlos, hacerles lugar, acercarse tanto como sea posible a su concreción. Poner en juego el potencial, desplegarlo, hacerlo florecer. Requiere una buena base de *empowerment*, autoconfianza, asertividad, autocontrol, capacidad de cintura e improvisación. Recuperar el *self management*, tomar las riendas de la propia vida, dejar de quejarse por la suerte o el destino y ser más artífices del porvenir.

Reflexión final

Respecto de la creciente importancia del consumo en la actualidad, la búsqueda de emociones y valores, apunta Gilles Lipovestky en *La felicidad paradójica*, que estamos ante una sociedad de hiperconsumo, donde el *Homo consomator* busca un sentido a su vida a través del consumo como práctica privilegiada y que, lejos de considerarlo como acto de pura pasividad, podemos observar cómo el cambio permanente puede ayudarnos a sentir y a descosificarnos, impedir la repetición de lo ya sentido y ya conocido. Entonces, podemos preguntarnos: ¿cómo seremos capaces de alinear los valores del consumidor con lo diferencial de cada identidad marcaria? ¿Qué promesas serán más relevantes?, ¿qué valores activaremos en los puntos de contacto con la marca, qué sueños promoveremos, qué garantías los harán más creíbles y cercanos?, ¿cómo construiremos legitimidad, afectividad, historia en común? Algunos interrogantes que nos hablan de la oportunidad de estar cada vez más cerca del consumidor y de construir vínculos duraderos desde la comprensión profunda de su adhesión a diversos valores e imaginarios sociales en donde las marcas pueden jugar un papel privilegiado en la vida cotidiana, ya que tienen un rol fundamental en la transmisión de imaginarios sociales, y pueden ayudar al acompañar las transformaciones culturales en sintonía con los nuevos valores.

CAPÍTULO 3

La sustentabilidad del negocio

Por Daniel Dessein.

Presidente del diario *La Gaceta* (Tucumán), presidente de la comisión de Libertad de Prensa y ex presidente de ADEPA (Asociación de Entidades Periodísticas Argentinas), prosecretario de ADIRA (Asociación de diarios del interior de la Argentina), vicepresidente regional y miembro de la Junta directiva de la SIP (Sociedad Interamericana de Prensa) y miembro del comité ejecutivo de WAN-IFRA (Asociación Mundial de Periódicos).

Una larga búsqueda de un nuevo modelo que garantice la supervivencia o al menos extienda su vida útil

En 2019 se cumplieron 30 años de la creación de la web, tres décadas en las que se produjo un cambio radical de las reglas del juego para los medios de comunicación. Durante el segundo lustro de los 90, la mayoría de los medios periodísticos lanzaron sus ediciones online. Recién en 1997 se fundó Google, una de las dos empresas que afectarían de manera inédita el negocio periodístico. Y faltaban siete años para que naciera Facebook, la segunda compañía de la famosa dupla.

Fue en 2007 cuando se aceleró la disrupción digital. De muchas apariciones de empresas, proyectos y productos que la impulsaron, sobresale un hecho: la presentación del iPhone por Steve Jobs. Los teléfonos inteligentes cambiarían, entre otras cosas, la forma de comunicarnos y de consumir información. Hoy tenemos más celulares que habitantes y la mayor parte de los contenidos periodísticos se consumen mediante estos dispositivos.

En ese mismo año la publicidad era el principal insumo económico de todo tipo de medios. Un 40% de la torta publicitaria global se la llevaba la televisión, un 30% los diarios, un 12 las revistas. Internet, menos del 5%[1]. Hoy las marcas tecnológicas se llevan la principal tajada (concentrada en Google y Facebook) y los diarios un tercio de lo que tenían hace una década.

¿Cuál fue la estrategia de los medios en las primeras dos décadas de aventura digital? Acumular visitas con contenidos ofrecidos de manera gratuita, apostando a sustituir los ingresos tradicionales por publicidad digital. Esa dinámica vertiginosa de captación masiva de clics deterioró la calidad y los estándares profesionales del periodismo. Y la ansiada sustitución no llegó nunca.

Hoy, el 90% de los ingresos de los diarios sigue proviniendo del papel[2]. A esta velocidad crucero de transformación necesitarían más de dos siglos para consolidar el nuevo modelo. Ponemos el acento en la gráfica porque ese sector de los medios sigue generando la mayoría de los contenidos periodísticos —y los de mayor calidad—. El futuro del periodismo se juega, en gran medida, en la viabilidad de esas redacciones tradicionales.

---

1 World Press Trends, WAN-IFRA.
2 *Ibidem.*

Benditas suscripciones

En 2011 *The New York Times* (NYT) lanza su muro de pago poroso después de haber fracasado con otras formas de cobro por contenidos digitales. Ese mismo año fue un punto de quiebre en la historia de los diarios; el año uno de lo que el investigador Ismael Nafría llamará la "reinvención del *The New York Times*", que abrió un camino auspicioso para el resto de la gráfica.

Después de fracasar con un modelo freemium (Times select) y de constatar las caídas estrepitosas de visitas en medios con muros de pago rígidos, como los de los medios del imperio del empresario australiano Murdoch, el diario de los Sulzberger desarrolla un modelo intermedio, con un esquema de acceso libre hasta alcanzar un cierto número de notas por mes, preservando así la cantidad de usuarios únicos al impactar sobre un número porcentualmente bajo de ellos (los más fieles). Pero ese porcentaje ofrecerá, en términos económicos absolutos, ingresos significativos de aquellos que están dispuestos a pagar. NYT se convertirá en uno de los dos primeros medios (junto con *The Wall Street Journal*) en superar el millón de suscriptores digitales. Después de la elección a presidente de Donald Trump, el NYT será el líder absoluto, con una cifra tres veces más grande.

Esta estrategia cambiará la ecuación de ingresos del diario. De un 80% histórico proveniente de la publicidad, a partir de 2014 la mayoría de sus ingresos provendrán de la audiencia. Lo mismo pasará con la mayor parte de los diarios del mundo, así como se impondrá el modelo poroso de cobro en la mayoría de los que adopten una política restringida de acceso web.

El paywall tardó en llegar a nuestras costas. *Reforma* de México y *O Popular* de Goiania fueron pioneros pero con modelos defensivos de los contenidos del papel, no con verdaderas apuestas a la generación de una vía relevante de ingresos en Internet. *Folha de São Paulo*, en 2012, adoptará el mismo modelo del NYT y contagiará el entusiasmo por la implementación de un sistema de cobro en medios colegas de su ciudad, como también en Río de Janeiro y en otras regiones de Brasil.

Clarín y *La Nación*, ambos de Argentina, se sumaron mucho más recientemente. Con unos 300.000 suscriptores en conjunto (50% de los cuales son puros, o sea que pagan) muestran el potencial del modelo a nivel local. En poco más de un año, *La Voz del Interior* de Córdoba superó los 15.000 y son varios los medios líderes de sus mercados que acaban de lanzarse o que están por hacerlo (*El Día*, en La Plata; *La Gaceta*, en Tucumán).

En materia de suscripciones y a nivel global, los medios exitosos son, además del NYT, el *Washington Post* y el *Wall Street Journal* (entre 1 y 1,5 millones de suscriptores), *Financial Times* (700.000), el sueco *Aftonbladet* (250.000), el francés *Mediapart* (150.000), *Los Angeles Times* y *The Boston Globe* (100.000). Estados Unidos es el país en el que más extendido está el cobro por contenidos (más de cien diarios tienen algún tipo de restricción paga a su acceso). En América Latina, los brasileños tienen hace más de un lustro varios medios con sistemas de pago. Además de *Folha*, los tienen *O Globo*, *O Estado de São Paulo* y varios regionales. *Zero Hora*, del grupo RBS, es el caso más interesante para seguir dentro de este segmento de medios, por la sofisticación de su estrategia, la profundidad en el conocimiento de su audiencia y sus resultados (superó los 80.000 suscriptores).

En la región se lanzaron hace poco *El Espectador* y *El Tiempo*, en Bogotá. *El País*, de Cali, llegó a 11.000 suscriptores en menos de un año. Y *El País*, de Montevideo, a 9.500 en un lapso similar.

Las suscripciones tienen un carácter transaccional (pago a cambio de contenidos), aunque también una faceta de apoyo al medio (NYT o *The Washington Post*, a partir de los ataques de Trump, por ejemplo). Este segundo aspecto se potencia en el caso de las membresías. Los aportantes apoyan la difusión de los contenidos periodísticos de un medio en particular. El caso más exitoso es el de *The Guardian* (más de 800.000 donantes). Otros ejemplos relevantes son los de *De correspondent* (Holanda) o el de *Eldiario.es* (España). En la Argentina utilizan el sistema *Página/12* (10.000 aportantes), *Red/Acción* y *El destape*.

La cantidad de suscriptores es uno de los indicadores para medir el éxito de la estrategia. Deberá contemplarse si los ingresos obtenidos por los suscriptores superan en primer lugar el costo de la implementación del sistema. Luego, si esos suscriptores no se generaron a costa de la migración de los suscriptores del papel. Finalmente, si las suscripciones no minaron significativamente el volumen de páginas vistas y los ingresos publicitarios asociados a ellas. Los suscriptores, por otro lado, pertenecen a categorías diferentes. Algunos corresponden a paquetes en los que se combinan beneficios (como los de un club de lectores) con contenidos especiales o accesos múltiples. Y, aún dentro del mismo conjunto de contenidos o prestaciones, los ingresos de cada suscriptor dependerán de cuál de las diferentes promociones se haya usado para captarlo.

La estrategia de suscripciones es relevante para el futuro del periodismo. Este giro del negocio mueve el foco de la masa, del volumen, de los millones de visitas únicas a los miles de suscriptores o a los miles de lectores, a la audiencia fiel, a la audiencia que tiene una relación con la marca. Y esto implica un cambio en el eje de producción, que se concentra más en los contenidos duros. La gran masa de la audiencia digital que tiene acceso a cualquier diario del mundo está ligada a los contenidos blandos, a muchos contenidos que no produce el propio diario, contenidos vinculados a los lectores o a otro tipo de medios; a las notas de espectáculos, al escándalo, al sensacionalismo, a la crónica roja, a aquello que está más en línea con los ratings de los medios audiovisuales. Pero lo que dispara las suscripciones son los contenidos más elaborados: las grandes columnas, las notas de política, las investigaciones en profundidad, las notas sobre negocios, información sofisticada que interesa a un segmento chico en términos relativos de la gran audiencia pero importante en términos absolutos. La estrategia de suscripciones implica un giro hacia la calidad.

Otras fuentes

El cobro por contenidos digitales es la punta del iceberg de una estrategia mucho más amplia, no es la bala de plata para el negocio. La conclusión a esta altura es que no hay bala de plata. En todos estos años se alternaron recetas salvadoras para los medios: rediseños, *tablets*, realidad virtual, *smartwatchs, instant articles, bots*, entre muchos otros. Ninguna salvó a la industria. Tampoco lo hará el *paywall* por sí solo. Pero ahora al menos hay una luz al final del túnel y la audiencia abre una puerta auspiciosa. Una audiencia a la que hay que conocer mucho más, a la que hay que ofrecerle distintos servicios y a la que hay que cobrarle por contenidos valiosos. Las dos vías tradicionales de ingresos deben ser complementadas por otras nuevas: suscripciones, membresías, publicidad nativa, contenido patrocinado, eventos, comercio electrónico, *newsletters* auspiciados, servicios digitales, licenciamiento de tecnología, sindicación de contenidos, *crowdfunding*, consultoría y capacitación, entre otros.

La relación con esa comunidad y una adecuada administración de los datos que obtengamos de ella nos permitirán montar una serie de usinas de ingresos suplementarios que recompongan la dañada ecuación económica de los medios. Las posibilidades para desarrollar unas u otras vías dependerá de las características de cada mercado, la escala de los medios, los recursos profesionales que posea, la competencia, los cambios en el ecosistema digital, la oportunidad, la capacidad para combinar y coordinar estas fuentes, la habilidad en la gestión y, por qué no, la suerte.

Caminos para analizar

Raju Narisetti, ex estratega digital del *Wall Street Journal* y *The Washington Post*, ex CEO de Gizmodo, actualmente profesor de la Universidad de Columbia y uno de los hombres más escuchados por los referentes de la industria, sostiene que los medios que logren atravesar la crisis del sector serán aquellos que desarrollen y combinen cinco o seis fuentes de ingresos. Repasemos algunos ejemplos: en organización y comercialización de eventos, *The Economist*, *Financial Times* y *The Guardian* son líderes. En la Argentina, *La Nación* y *Clarín* con Exponenciar (Expoagro, Caminos y Sabores). *La Nación*, de Costa Rica, inauguró en 2015 el Parque Viva, un predio que reúne un autódromo, un centro de eventos y un anfiteatro en el que se realizan muchos de los principales eventos musicales y deportivos de ese país. Su homónimo, en la Argentina, inauguró el Movistar Arena, un estadio para 16.000 personas en el que planean realizar unos 100 eventos al año. También hay muchos casos de medios regionales y medios especializados o de nicho con modelos exitosos: *El Cronista*, *Río Negro*, *The Texas Tribune* (conferencias, festivales musicales y ferias gastronómicas, entre otros ejemplos).

La publicidad nativa y el contenido patrocinado se consolidan como respuesta frente a la caída de los ingresos publicitarios tradicionales. NYT, con su *T brand studio* —en el que trabajan cerca de 300 personas—, es el líder en el rubro. *Clarín*, *La Nación* y *La Voz del Interior*, a nivel nacional, crecen año a año en estas propuestas para las marcas. *The Atlantic*, con un 60% de sus ingresos totales provenientes de *branded content* y publicidad nativa, quizás sea el caso de mayores resultados relativos en la industria. *Slate* y *Político* son otros dos medios que apuestan fuerte en esta área.

La venta de desarrollos tecnológicos propios aparece como otra vertiente de ingresos nuevos. El líder es *The Washington Post*, particularmente con Arc (conjunto de módulos que configuran su plataforma de gestión de contenidos). Alrededor de cien medios han adquirido algunas de estas herramientas (que llegan a generar *fees* de hasta 150.000 dólares mensuales). En la Argentina, *Infobae* fue el primero y le siguen *Clarín*, *La Voz del Interior* y *Los Andes*.

Educación y capacitación es otro rubro que los medios pueden explotar. *El País* de Madrid, por ejemplo, ofrece cursos de redacción brindados por sus periodistas. Viajes es otro segmento. Son ya clásicos los viajes liderados por columnistas del NYT o de *Le Monde* (por el Mediterráneo con periodistas especializados en historia romana y griega, por ejemplo).

Los servicios digitales y de marketing dirigidos a empresas de la comunidad es otra fuente posible. Los medios pueden usar todo su *know how* para desarrollar desde lo más básico (como una página web o presencia en redes) a cuestiones más complejas (como *big data*, *newsletters* o estrategias de comunicación en crisis) a distintas empresas. *Desert News*, de Salt Lake City (Utah), es un medio modelo en este aspecto.

Por otro lado, los clubes de lectores se convirtieron, para muchos medios, en una herramienta de fidelización y de sostenimiento de circulación importante. Hoy también constituyen un activo relevante en los paquetes de suscripción digital. Además de ser una fuente de datos clave sobre pautas de consumo de los miembros y, en algunos casos, fuente de ingresos publicitarios extra derivada de los nuevos negocios que se unen al club. Es el caso del club *La Gaceta*, de Tucumán. El de *El Mercurio* de Chile fue pionero en la región. Y el de *La Nación*, en la Argentina. El 365, de *Clarín*, nació tardíamente pero se expandió fuertemente. Estos últimos tres, junto con el de *El Tiempo*, de Bogotá, son los más extendidos en América Latina.

El desarrollo de proyectos inmobiliarios es una alternativa con casos de éxito. Al tratarse de negocios y transacciones que requieren credibilidad (confianza en que las obras concluirán en los tiempos establecidos, que los materiales serán de buena calidad o que no habrá vicios ocultos), la marca de una empresa periodística con una larga trayectoria en una comunidad se transforma en un factor que puede impactar significativamente en el éxito del proyecto, además de la visibilidad que el medio puede brindar.

Las alianzas de medios pueden proporcionar ingresos adicionales. Desde conglomerados publicitarios en el terreno programático como Pangea a nivel internacional a alternativas nacionales como Nonio (Portugal). Algunas de ellas tuvieron corta vida como Paute Fácil (Colombia) o RPA (Argentina).

El papel y los mitos

Hay una escena de *Truth*, una película de James Vanderbilt estrenada en 2015, que resume una idea sobre los diarios arraigada en el imaginario social. Una productora de CNN trata de convencer a una de sus fuentes de que le entregue un documento clave para una investigación. "¿Por qué habría de entregárselo a ustedes y no a algún diario?", pregunta la fuente. "Porque nadie lee los diarios", responde la productora, como si enunciara un axioma.

¿Nadie lee los diarios? Vamos a los datos. Tomemos las cifras del World Press Trends[3], la organización que nuclea a 18.000 periódicos de todo el mundo y que elabora anualmente el relevamiento más fidedigno del comportamiento de la circulación. Allí constatamos que hoy se venden más de 250.000 millones de ejemplares por año. Un promedio diario de más de 700 millones. Un ejemplar por uno de cada diez habitantes del planeta. Si tomamos un número de lectores de tres por ejemplar, si estos fueran un país serían el más habitado del mundo. Si se tratara de usuarios de una red social, equivaldrían a Facebook, la más grande. Este es el primer mito que debemos desmontar. No es cierto que nadie lee. Hoy se lee una cantidad extraordinaria de diarios.

El segundo mito es que ese número decrece. Vamos otra vez a los datos[4]. Una década atrás, se vendía un promedio de 550 millones de ejemplares por día. En diez años, los ejemplares vendidos en el mundo subieron casi un 30%. Nunca se vendieron tantos diarios como en la actualidad.

---

3 *Ibidem.*
4 *Ibidem.*

Primeras conclusiones: los diarios han superado infinidad de pronósticos de defunción y muestran una vitalidad y una capacidad reproductiva sorprendentes. El fin del papel ha sido vaticinado por figuras de la tecnología como Bill Gates, pero también por grandes referentes de la propia industria periodística. Esos vaticinios expandieron un profundo escepticismo en las últimas dos décadas. Y el crecimiento del papel en estos años ha probado una fortaleza insospechada. Pocas industrias podrían sobrevivir con un pesimismo tan impregnado entre quienes las conforman.

Desde el ángulo de la audiencia, debemos resaltar que los diarios hoy no se definen exclusivamente por su soporte. Son usinas de procesamiento de información que distribuyen sus contenidos por diversos soportes. Su audiencia, por lo tanto, ha crecido significativamente.

Pero entonces ¿la declinación de los diarios en papel es una completa fantasía? No en esta parte del mundo. Cuando hablamos de 700 millones de ejemplares por día, hay que tener en cuenta que el crecimiento no fue parejo en todas las regiones. El 75% de todos esos diarios se venden en un solo continente –Asia–, y casi dos tercios en China y la India. Un 40% solamente en la India, que pasó en cinco años de poco más de 190 millones de ejemplares a casi 300 millones de ejemplares (entre 2010 y 2015). También hay que señalar que la India tiene uno de los precios de tapa promedio más bajos a nivel mundial.

China y la India son los países con las dos poblaciones más grandes del mundo, con crecimientos en sus economías de dos dígitos en las últimas tres décadas y con una enorme expansión de sus clases medias y, por lo tanto, del acceso de esas clases a productos que antes les resultaban prohibitivos o que estaban fuera de su área de interés.

Cuando vemos los mercados desarrollados, constatamos, por el contrario, una caída sostenida y significativa en las últimas décadas. América Latina está fuera de esa tendencia con una circulación relativamente estable, pero no es el caso de la Argentina, que muestra una caída al mismo ritmo que los países desarrollados. Eso se da porque en buena parte de los países latinoamericanos hubo una sustitución de los diarios tradicionales por nuevos productos, sobre todo los productos dirigidos a los segmentos más bajos de la sociedad (diarios populares y diarios de nicho). *Trome*, un diario popular peruano fundado en 2001, con 700.000 ejemplares promedio por día, es el medio gráfico más vendido de habla hispana.

El problema con la circulación aparece cuando ponemos el foco en Europa, Estados Unidos y países como la Argentina. La circulación en estas regiones cae hace décadas y la caída se aceleró en los últimos años. La Argentina logró su pico de circulación hace 50 años: en 1968 y 1969, la suma de ejemplares de los cinco diarios más masivos alcanzaba un promedio de dos millones diarios. Medio siglo más tarde, la circulación de todos los diarios del país (más de cien) y con una población que se duplicó en volumen, no llega a un millón. Algo similar ocurre en los países europeos, en Estados Unidos y Canadá. Diarios que dejan de editarse, ciudades que se transforman en desiertos comunicacionales, medios que deciden dejar de imprimir sus ediciones durante la semana (*La Presse* en Montreal, *Gazeta do Povo* en Curitiba y *La Nueva* de Bahía Blanca).

La declinación, entonces, ¿es una tendencia irreversible? "El papel no es el pasado, es el futuro", dice Iris Chyi, profesora de la Facultad de Comunicación de la Universidad de Texas que se ha dedicado a estudiar la estrategia de los medios con sus fuentes de ingresos en los últimos 15 años. La teoría de Iris Chyi es contraintuitiva. Va a contracorriente de las ideas instaladas en el ámbito de los medios, y en Occidente en general. Chyi muestra, apoyándose en datos de la News Media Alliance, que los ingresos publicitarios provenientes de las ediciones online de los diarios norteamericanos se estancaron en la última década sin lograr superar el 20% de los ingresos publicitarios totales. Lo curioso, resalta Chyi, es que en todo este tiempo acumulamos y abrazamos pronósticos apocalípticos para las ediciones impresas que no se cumplieron. A los vaticinios oscuros se agregaron preceptos –"*Digital first, print last*", "Digitales a la conducción", "Foco en la web"– y medidas que socavaron las bases económicas de los medios gráficos —recorte en las redacciones de periodistas tradicionales, asignación compulsiva de recursos a las modas tecnológicas, aumento constante de precios de tapa (la suscripción impresa anual de NYT, por ejemplo, pasó de U$530 a U$978 entre 2008 y 2016; *Los Angeles Times*, de 104 a 624 en el mismo período)–.

Finalmente, afirma Chyi, medimos nuestra *performance* con métricas equívocas: comparamos usuarios únicos mensuales contra ejemplares vendidos por día. Peras con manzanas. Chyi propone índices que reflejen adecuadamente la influencia y la eficacia de cada soporte. "Un ejemplar pasa por varios lectores. La lectura promedio en papel tiene una media de 15 minutos contra dos minutos de una edición digital; y se trata de una lectura concentrada contra un consumo cruzado y superficial propio de Internet. Neil Thurman, profesor de la Universidad de Londres, muestra en sus clases cómo la lectura en papel adecuadamente medida (ejemplares promedio diario multiplicados por cantidad de lectores, multiplicada a su vez por minutos promedio de lectura y mensualizados, a partir de las estadísticas de la Encuesta Nacional de Lectura y del Instituto Verificador de Circulación del Reino Unido) le gana a la lectura de las ediciones digitales del mismo medio (visitas únicas por mes multiplicadas por minutos de lectura).

Salud de los ingresos

Otro indicador de la salud de los diarios es el que mide los ingresos. En los últimos cinco años pasamos de 170.000 millones de dólares a 140.000 millones. Una caída de un 17%. ¿Esto qué representa? Antes de analizar la tendencia, analicemos el volumen. El conjunto de la facturación actual supera, por ejemplo, a la facturación de Google, por tomar a un gigante tecnológico; es casi tres veces el PBI de Uruguay, para contrastarlo con un país. Si lo comparamos con sectores afines, es mucho más de lo que generan las industrias del cine, el libro o la música.

A un cuarto de siglo de la aparición de las ediciones online de los diarios y de la gran expansión de Internet en nuestras vidas, señalábamos al comienzo de este trabajo que más del 90% de los ingresos de la industria de los diarios provienen hoy del papel. La primera conclusión es que la transformación digital, claramente, ha sido muy lenta. Pero al mismo tiempo lo que también nos marcan las cifras es que el papel es mucho más fuerte de lo que creemos.

El gran golpe sufrido por los medios tradicionales se dio en el terreno publicitario. Los diarios fueron los grandes perdedores, y eso explica la crisis del sector. Los diarios hoy producen el 70% de los contenidos periodísticos que se distribuyen y amplifican a través de los medios audiovisuales y se convierten en insumos gratuitos para las empresas tecnológicas. La ecuación económica de los medios tradicionales es afectada gravemente por la caída sostenida de publicidad, combinada con el costo de producción periodística usufructuado por las grandes empresas digitales.

Una de las medidas que se tomó últimamente en países desarrollados fue empezar a invertir la vieja regla de la gratuidad de contenidos en la web, que fue la estrategia de los últimos veinte años (ofrecer contenidos gratuitamente en Internet para tener un crecimiento de audiencia, para mantener la influencia y luego buscar monetizarla a través de la publicidad). Los porcentajes siempre fueron chicos, la pelea con los gigantes tecnológicos fue muy despareja. Ellos fijaron los precios de ese segmento.

La circulación paga impresa y digital adquirió una relevancia relativa creciente, particularmente en los mercados desarrollados. En Estados Unidos, la relación de ingresos entre publicidad y circulación pasó de 5 a 1 a 1,5 a 1 en la actualidad.

Es en el terreno publicitario donde más ha impactado la revolución tecnológica en los medios. Decíamos que en una década los diarios pasaron de llevarse casi un tercio de la torta publicitaria global a un 10%. Internet, en el mismo lapso, pasó de una veinteava parte a casi un 40%. La caída es sostenida pero no implica que la publicidad vaya a desaparecer completamente de la gráfica. 60.000 millones de dólares se destinan por año a los diarios[5]. La organización inglesa NewsWorks[6], dedicada al relevamiento de tendencias en medios, muestra periódicamente en sus investigaciones las ventajas específicas que ofrecen los medios tradicionales a la publicidad de productos. La confianza de los medios se traslada, en parte, a lo anunciado. Genera, en muchos rubros, mayor propensión a la compra que canales alternativos como el de las redes sociales. Registra, para ciertos anuncios (como descuentos), mayor recordación. Y brinda, simultáneamente, un entorno más seguro para la marca.

De Amazon al Post

La venta por 250 millones de dólares del *Washington Post* a Jeff Bezos en 2013 fue uno de los acontecimientos más resonantes de la industria periodística de la última década. Por un lado, la operación se hacía por una cifra ridícula si se la comparaba con las valuaciones históricas de los medios más emblemáticos. Por otro, uno de los magnates tecnológicos más destacados decidía incursionar en un negocio al que no muchos le auguraban un porvenir auspicioso. Lo que vino luego fue una atención concentrada en la estrategia del fundador de Amazon.

Visité la redacción dos años después de la venta. Marty Baron, el mítico periodista que alcanzó fama mundial a partir de la caracterización que hizo de él Liev Schreiber en la película ganadora del Oscar *Spotlight*, fue quien me explicó cuáles habían sido los principales cambios en esos dos años: contratación de decenas de ingenieros, reafirmación de los atributos más destacados de la marca (periodismo de investigación,

---

5 *Ibidem.*
6 www.newsworks.org.uk.

rigor, independencia), internacionalización de la audiencia (expansión digital fuera de Estados Unidos), aumento de la productividad en la generación de contenidos, desarrollo de software (que luego venderían a muchos medios, como ARC), foco en la experiencia de usuario y cultura de experimentación.

En todos estos años vimos surgir muchos medios nativos que desarrollaron rápidamente audiencias masivas y lograron cotizaciones accionarias altísimas (*The Huffington Post*, Vice, Vox Media, Buzzfeed, etc.). También fuimos testigos de derrumbes feroces de las expectativas que habían generado. Hay, de todos modos, lecciones para aprender del camino que abrieron: se caracterizan por su foco en el manejo de datos, una estrategia dinámica en redes, apuesta al móvil y al video, desarrollo de publicidad nativa y finalmente audiencia joven y global. A empresas digitales con presencia internacional como estas, se agregan ejemplos de medios nativos chicos que también ofrecen lecciones. The Texas Tribune, situado en Austin, es uno de esos medios. En este caso se apoya en membresías, una conducción muy transparente y una cercanía con su audiencia. Los miembros pueden, por ejemplo, participar en entrevistas a funcionarios o personalidades de la comunidad en la sede del medio. La mayor tajada de ingresos proviene de la organización de eventos como festivales financiados con *sponsors* y *tickets* de los asistentes.

Los datos les permiten a los medios nativos adecuar la oferta, prever el comportamiento de los usuarios, segmentar, proponer una escala de precios variada, aumentar la efectividad publicitaria, crecer apoyado en las redes, sostener investigaciones periodísticas complejas y nutrir a otras unidades de negocios.

Como bien dice el consultor español Pepe Cerezo, en su libro *Medios líquidos*: "La economía digital es una economía de sobreabundancia, inventario publicitario infinito, competencia inconmensurable, en la que hay que buscar modelos de escasez artificial a partir de propuestas de valor diferencial". Planteado así, la elección del modelo de negocios depende de las características de nuestro mercado, las capacidades internas disponibles en la compañía y su grado de digitalización.

Algunas claves para el éxito de la transformación de la empresa periodística son la capacidad para inyectar altos niveles del innovación, el cambio de cultura, la consolidación de marca, la explotación de nichos (cocina, *fitness*, viajes, tecnología, entre otros), la cooperación con otros medios (alianzas comerciales, fusión de tareas, intercambio de experiencias), la administración y el adecuado uso de datos, la implementación de nuevas métricas, el foco en el usuario y la búsqueda de socios para nuevos negocios.

Big, small y smart data

El procesamiento y la aplicación de datos constituyen un factor clave para el éxito de cualquier organización. En un medio de comunicación, ese factor se potencia en la medida en que quienes lo conducen deben conocer cada vez más a una audiencia extensa y apoyar sobre esos datos una estrategia dentro de un contexto muy competitivo. Muchos de los medios que crean un equipo de datos terminan generando y acumulando información que no utilizan y esos grupos de trabajo quedan marginados de la esfera en la que se toman decisiones, en lugar de proporcionar los insumos para la toma de esas decisiones. El equipo de datos debe trabajar estrechamente con la gerencia general, la gerencia comercial, la cabeza tecnológica y la conducción de la redacción. Quien esté al frente del equipo de datos tiene que comprender el negocio para hacerse las preguntas adecuadas y transformar las respuestas en indicadores para la gestión.

Antes de armar un equipo de datos hay que empezar a analizar la información que ya tenemos, los datos de los compradores de las ediciones impresas, los de los clubes de beneficios, los de los anunciantes y los de registrados entre nuestra audiencia digital. Luego, el equipo debe trabajar en una estrategia de *smart data* para configurar los KPIS (*key performance indicator*) que sirvan al proceso decisorio. *Big data* es el último paso porque implica gran volumen de datos, gran variedad y flujo constante y veloz. El objetivo es no solamente analizar el comportamiento pasado de la audiencia sino prever su conducta futura con modelos predictivos, como los que desarrollan empresas como Netflix o Spotify con su esquema de recomendaciones.

El equipo de datos deberá definir los distintos segmentos de audiencia, responder qué contenidos funcionan para cada uno de ellos, cuáles generan propensión a la suscripción, cómo mejorar la experiencia de usuario, dónde colocar la barrera de acceso, cruzar las distintas bases de datos y desarrollar promociones que apunten a públicos específicos, entre otras acciones. El usuario debe estar en el centro de la estrategia y para eso hay que escucharlo y procesar esa información para responder a sus expectativas de la manera más personalizada posible.

No todos los lectores, seguidores o suscriptores deben recibir los mismos contenidos periodísticos o publicitarios. En la estrategia de suscripciones, por ejemplo, es relevante desarrollar ofertas para cada tipo de lector, desarrollar patrones temporales (en qué época del año, del mes o del día conviene proponer la suscripción), incorporar variables económicas (contexto adecuado para la propuesta), características para segmentar la audiencia (niveles de ingresos, género, edad, marco geográfico, composición familiar, nivel educativo, intereses). Con estos datos pueden extraerse niveles de propensión al pago, tendencia a la cancelación de las suscripciones, contenidos que impulsan al pago, publicidad que está en línea con los intereses, entre otras variables. Luego pueden configurarse definiciones: qué nivel de ingresos genera cada segmento de suscriptores o registrados, cuál es el potencial de ingresos en cada segmento, cuáles son los costos variables en cada caso, cuál es la expectativa de vida de la relación que construimos con cada grupo.

La sanción de la GDPR en Europa (Reglamento General de Protección de Datos, en español) restringe el uso de datos a partir del escándalo de Cambridge Analítica. Además de prescribir requisitos de solicitud de consentimiento más claros, con la consecuente explicación del uso que se hará de ellos, fija un nuevo paradigma: los medios deben tomar nota, más allá de las disposiciones legales que tienden a generalizarse a nivel global, de la sensibilidad de esta cuestión en los usuarios. Debe extremarse la transparencia con la audiencia de destino de los datos que maneja cada compañía y siempre debemos pensar si el procesamiento de datos que hacemos agrega realmente valor al negocio y, principalmente, si el uso de esos datos puede resentir la relación con los usuarios.

The Washington Post y *The Wall Street Journal* tienen dos de los equipos de datos más sofisticados de la industria. En América Latina, *El Tiempo* de Bogotá tiene el equipo más grande (36 personas), seguido por el de *Clarín*.

Regulaciones y desintermediación

A partir del escándalo de Facebook y Cambridge Analítica por la manipulación de datos privados e injerencia espuria en procesos electorales, las empresas tecnológicas enfrentan el período más adverso a sus intereses desde que nacieron. La ausencia de regulaciones fue un subsidio indirecto para una industria incipiente como la tecnológica, pero hoy sus empresas más emblemáticas son las empresas de mayor facturación, las más influyentes a nivel global y las generadoras de disrupciones que afectan a la economía, la dinámica institucional y la vida privada de buena parte de los habitantes del planeta de manera extraordinaria. Se expanden fenómenos como la destrucción de empresas y empleo por la implantación abrupta de procesos de desintermediación, la afectación de la voluntad electoral o la exposición masiva de la intimidad.

Las multas por abuso de posición dominante, la sanción del derecho al olvido, las normativas para el uso de datos o la más reciente directiva de la Unión Europea sobre derechos de autor son algunos de los límites que compañías como Google y Facebook están encontrando en los últimos tiempos. Las compañías tecnológicas pasaron del rechazo a todo tipo de regulación a hablar de "regulación inteligente" o directamente de la necesidad de regulación, como hizo Mark Zuckerberg, a fines de marzo de 2019, en un artículo publicado por *The Washington Post*.

La eventual obligación de compensar a quienes generan contenidos (por parte de quienes lucran directa o indirectamente con ellos) abre las puertas a nuevos ingresos para los medios de comunicación. Se trata de una etapa que está en su fase preliminar pero que ha generado grandes expectativas y un clima fértil para que muchas de las disposiciones sancionadas se reproduzcan a nivel global.

Podemos decir, de manera muy simplificada, que el negocio de los medios durante el siglo pasado consistió en capturar la atención de una audiencia para ofrecérsela a anunciantes, o bien conectar audiencias con marcas. Los indicadores de nuestro éxito eran los que mostraban la magnitud de nuestra audiencia y el margen de ganancias que nos quedaba deducido el costo de generar ese público. El éxito de los medios se cifraba en números derivados de siglas o nombres como IVC (Instituto de Verificación de la Circulación), Ibope, Ebitda (rentabilidad antes de impuestos). Con el inicio del nuevo siglo agregamos números como los proporcionados por ComScore o Digital Analytics (usuarios y visitas únicas mensuales y páginas vistas). La dinámica en las últimas dos décadas consistió, en líneas generales, en acumular visitas o clics para luego monetizarlos y, finalmente, sustituir los ingresos originales por ingresos nuevos. Ese día todavía no llegó. Y probablemente no llegará nunca, apoyado exclusivamente en esta estrategia, para nadie o casi nadie. No lo logró NYT, cuyos ingresos del papel siguen superando a los que provienen del campo digital, a pesar de estar en la vanguardia de la innovación y la generación de nuevas fuentes de ingresos. Solo algunos medios con particularidades, como el *Financial Times*, con un público específico, o medios de nicho, obtienen hoy más ingresos nuevos que tradicionales.

Siempre supimos que nuestros lectores, oyentes o televidentes no tenían las mismas características o el mismo peso. Muchos medios empezaron a hablarles a algunos (representantes del poder político o económico), traicionando la relación con el resto. Ese diálogo cerrado, a través de medios abiertos, normalmente derivó en un alejamiento progresivo o abrupto de la audiencia. Del otro lado, cuando el poder percibe que la relación del medio con la audiencia es débil o que el volumen de la audiencia es bajo, pierde interés en ese diálogo y activa otros canales.

"Nos pasamos la vida buscando aquello que ya hemos encontrado", dijo Tomás Eloy Martínez en la conferencia magistral de la Sociedad Interamericana de Prensa en 1997. Hay que volver a las bases con una mirada renovada, y reconstituir la relación con las audiencias es un eje central de una estrategia sólida. De la fortaleza de esa relación, como de la variedad y el conocimiento que se tenga de esas audiencias, depende la salud de un medio.

De lo que estamos hablando es de encontrar un nuevo modelo de negocios, de la búsqueda de nuevas bases para apoyar la producción periodística, permitiendo que los medios puedan seguir cumpliendo con su rol histórico. Papel que ejercieron en el último siglo en nuestras democracias, haciendo posible el presupuesto central del sistema, que es una ciudadanía debidamente informada. La sustentabilidad del periodismo está íntimamente ligada a la naturaleza y la dinámica de nuestros sistemas políticos.

CAPÍTULO 4

Escenarios ubicuos y contextos sobresaturados

Por Alejandro Álvarez Nobell.

Es doctor en Dirección Estratégica de Comunicación y Máster en Gestión Estratégica e Innovación en Comunicación. Actualmente está a cargo de la Dirección de Comunicación y Desarrollo Estratégico de la Municipalidad de Córdoba. Al mismo tiempo se desempeña como docente e investigador. Es director del Latin Communication Monitor (Euprera). En el ámbito académico es experto evaluador de la Comisión Nacional de Enseñanza y Acreditación Universitaria (CONEAU) y dirige tesis de grado y posgrado. Es autor de cinco libros y de más de setenta capítulos, artículos científicos, ponencias y artículos de divulgación. Hizo su carrera de grado y como docente en la Universidad Nacional de Córdoba.

Caminos para la gestión de la reputación en superficies digitales

En los tiempos que corren ensayar sobre una concatenación de conceptos tales como los que enuncia el título de este capítulo puede resultar atrevido, pero sobre todo, necesario. De manera no involuntaria, intento reunir a modo de síntesis los principales aspectos que debaten el rol de la comunicación estratégica en los contextos actuales.

Siguiendo la premisa popular: "El orden de los faroles, no altera el alumbrado", intentaré tensionar el estado actual y las relaciones concomitantes de estas variables, que desde el punto de vista profesional se vuelven vectores de competitividad ineludibles; y a nivel teórico y académico, un desafío sobre campos de discusión de evidente vacancia.

La reputación (hoy además, digital) ha sido, más allá del debate sinonímico (imagen, credibilidad y posicionamiento), uno de los conceptos clave de la gestión de comunicación en las organizaciones. A partir de su capitalización (intangible, pero tal) ha cobrado importancia, en tanto y en cuento se volvió una dimensión gestionable, medible y de impacto organizacional. Hoy, en sistemas digitales, este valor organizacional es axial. Y lo es en un contexto económico, político y social en el que el patrón común es la ubicuidad y la saturación informativa. Efectivamente, las organizaciones y las relaciones se suceden, desafiando las dimensiones del espacio, del tiempo y del orden de las mediaciones; creando y recreando una red infinita de conversaciones en la complejidad de los datos.

Estamos atravesando la plenitud de la crisis de la verdad informativa, tanto en la definición de sus criterios como en la institucionalidad garante. Realmente vamos en aparente dirección a una dimensión de posverdad basada en la hipotética influencia emotiva de mi "mundo pequeño". Muchas potencialidades para un mundo acostumbrado a certezas dogmáticas. Su consecuente impacto son la necesidad, a nivel institucional, del diseño y la gestión de escenarios estratégicos para la gestión de comunicación (también) y de nuevos procesos y funciones respecto de las agendas, los mensajes y los actores.

Y como "lo cortés no quita lo valiente", es evidente el sesgo comunicacional desde el cual partimos, entendiendo su dimensión institucional como la gestión de relaciones basadas en motivaciones mixtas e intereses mediante procesos de apropiación tecnosocial de sentidos.

Desarrollamos a continuación estos postulados con el único objetivo de poner en tensión y sumar más debate a lo que hoy sucede en el campo de la comunicación estratégica digital.

Sociedad de la ubicuidad

Si consideramos los orígenes ingleses del funcionalismo en los años de 1930, previo a su salto y auge en Estados Unidos, sus vestigios —casi noventa años después— aún recalan en diversas perspectivas, modelos e intervenciones del campo de la comunicación; fundamentalmente en lo que respecta a su influencia en los medios de comunicación (ahora también sociales y digitales). Tradicionalmente, los postulados de esta perspectiva teórica se aplicaron al sistema de medios, entendiéndolo como un organismo integral e interrelacionado, en el que si se afecta una parte, todo el organismo se perturba. Sus premisas sostienen que los estímulos comunicativos deben buscar respuestas efectivas y competitivas, y las conductas necesitan alinearse a enfoques organizacionales como mecanismos de adaptación, estabilizadores y legitimadores del poder. Para ello, se requiere el empleo de dispositivos informativos (¿tecnológicos?) de control y regulación de lo disfuncional en procesos comunicativos persuasivos eficaces, pero con finalidad unidireccional y asimétrica.

Sin embargo, las nuevas formas de relacionamiento y vinculación social definitivamente han cambiado y plantean diversos retos a las clásicas lógicas funcionalistas de producción, circulación y consumo de la información (Capriotti, 1992). La complejidad (Morin y Pakman, 1994), la saturación informativa y los efectos que hoy tienen la tecnología y los medios sociales digitales sobre los públicos presentan desafíos que requieren otros puntos de vista.

Continuamente, de forma individual y/o colectiva, nos expresamos construyendo imaginarios (Cabrera, 2006) a través de las tecnologías de la información y la comunicación (TIC) y de los discursos, según o de acuerdo con nuestras motivaciones y libertad de manifestar necesidades, convicciones e intereses, en el marco de proyectos de autonomía individual y también colectiva. Así, la apropiación tecnosocial atraviesa distintas dimensiones: de posibilidad, frente el objeto propiamente dicho y de los significados (Morales, 2009).

En efecto, los procesos de apropiación tecnosocial de sentido (Morales, Álvarez Nobell y Loyola, 2011) reconfiguran la esfera pública, a pesar de la vigencia que aún tienen a la hora de determinar las agendas políticas, económicas, culturales y sociales, la presión mediática y sus lógicas de comportamiento (McCombs, 2018). Estas miradas críticas revisionistas propias del post funcionalismo sistémico o neofuncionalismo (Maturana, 1997), de corte contingente, parten de la teoría de los sistemas abiertos que sostiene que la eficiencia resulta del grado de adaptación de los medios de comunicación (su estructura, políticas, prácticas, etc.) a la dinámica situacional determinada por las variables tecnológicas, ambientales, humanas, culturales y socioeconómicas.

En esa línea se suscriben reflexiones innovadoras, como la aplicación al campo de la comunicación de procesos de bioinspiración o ecoinnovación (Benyus, 1997), de uso emergente ya en otras disciplinas como la ecofilosofía, la bioingeniería, la bioarquitectura, la informática o la ecosemiótica. Su objetivo apunta al logro de relaciones bidireccionales y simétricas (conversativos), producto de interacciones colectivas, participativas y sostenidas.

En este escenario, la biomimesis procura integrar diversas áreas del conocimiento en un espacio creativo común, con el propósito de promover nuevos puntos de vista sobre los desafíos globales y locales mediante la emulación consciente del genio de la naturaleza. Es una invitación a reconocer, saber y transformar de manera colaborativa nuestro propio mundo, en coherencia con nuestras circunstancias. Se abren así discusiones e innovaciones conceptuales y empíricas como estas, necesarias en el debate académico disciplinario. Pero fundamentalmente, se tensionan los modos en que se desarrollan y gestionan los procesos de comunicación a partir de la formulación de nuevos postulados y de la convergencia de teorías y modelos afines, algunos precedentes, que esbozamos a continuación.

Pensamos entonces que la perspectiva crítica de la biomimesis comunicativa (Álvarez Nobell y Barroso, 2018; Barroso y Álvarez Nobell, 2019) posibilita reformular principios teóricos obsoletos según los contextos y las necesidades actuales, e innovar procesos desde una mirada que busca el equilibrio natural en las relaciones de las personas y el medio (apropiación tecnosocial de sentido) a partir de imitar las prácticas de vinculación propias de la naturaleza.

La escuela de ecología de medios o *media ecology* (Escuela de Toronto, Escuela de Nueva York o también conocida como Escuela de San Luis) parte del pensamiento de McLuhan (1964) para el estudio de las tecnologías y los ambientes comunicativos, y postula que los medios de comunicación "admiten ser comprendidos como tecnologías y las tecnologías efectivamente pueden ser pensadas como prolongaciones del hombre" (citado por Islas, 2008).

Esta lectura responde a una perspectiva teórica-epistemológica que Scolari (2010) ha definido como un "mosaico intertextual", la cual ubica a esta escuela entre las teorías generalistas de la comunicación que no se concentra en ningún medio en especial (una teoría transmediática a todos los efectos) ni en un período de tiempo limitado: su reflexión comienza con la transición de la oralidad a la escritura y llega hasta nuestros agitados días de vida digital. Se trata de una "teorización expandida que abarca casi todos los aspectos de los procesos de comunicación, desde las relaciones entre los medios y la economía hasta las transformaciones perceptivas y cognitivas que sufren los sujetos a partir de su exposición a las tecnologías de la comunicación" (Scolari, 2010).

Postman, discípulo de McLuhan, dirá que la ecología de los medios permite analizar cómo los medios de comunicación afectan a la opinión humana, la comprensión, la sensación y el valor; y cómo nuestra interacción con los medios facilita o impide nuestras posibilidades de supervivencia. La palabra ecología implica el estudio de los ambientes: su estructura, contenido e impacto en la gente (citado por Islas, 2008). En la misma línea, Islas (2008) reflexiona sobre el concepto de remediación, al que define como el proceso progresivo de desarrollo de los medios de comunicación con el propósito, no siempre consciente o deliberado, de hacerse más parecidos a las personas. Es el "resultado de la adecuación dialéctica que permite transformarlos hasta convertirlos en lógicas extensiones de nuestras facultades, órganos o sentidos" (Islas, 2008).

Por su parte, Levinson (2004) (citado en Islas, 2008) desde un enfoque darwinista aseguró que los medios aún compiten por la atención de las personas y esto se debe a que su evolución o extinción en definitiva depende de su propia capacidad de ajustarse a las necesidades humanas. Es decir, la selectividad deja de ser natural para ser social. Como ejemplo: las características técnicas y funcionales de los teléfonos celulares han tenido que evolucionar para poder adaptarse a las necesidades de sus públicos, incluso retrocediendo sobre el camino andado, como su propio tamaño. Pasamos de seleccionar teléfonos grandes a pequeños, y hoy las pantallas vuelven a ser grandes como resultado de la apropiación de sentido que hoy se les da. ¿Hacia dónde evolucionarán luego? Dependerá de la selección social que las personas hagan de estos u otros soportes y medios de comunicación.

Todo esto sucede en un contexto que Islas (2008), citando a Nakamura, define como sociedad de la ubicuidad, en la que cualquier persona puede apropiarse, en cualquier momento y en cualquier lugar, de una amplia gama de servicios de información a través de diversos dispositivos terminales y redes de banda ancha: *"anyone, anywhere, anytime"*. Esta expresión fue acuñada por primera vez en el campo de la comunicación en 1972 por Cazeneuve, sociólogo, periodista y teórico francés, pionero en desarrollar en Europa estudios sobre la televisión. Sin aún conocerse las redes digitales, defiende el sentido ético de la acción comunicativa y la responsabilidad social del comunicador en una "sociedad ubicua", donde los estímulos propenden a ser universales y simultáneos.

Planificación proactiva por escenarios

En contextos lineales, casi predictivos, la comunicación estratégica nos tiene acostumbrados a desempeñar una función asesora, de planificación normativa e intercambio comercial a partir de diagnósticos y planificaciones. Pero en la actualidad, las grandes transformaciones que vislumbramos en la comunicación en las organizaciones dan cuenta de un necesario paso de esta perspectiva normativa a una prospectiva estratégica en materia de planificación. Los clásicos "planes libro", producto de un diagnóstico retrospectivo sincrónico, la impronta técnica de un "consultor" y la legitimidad de un "ejecutor político" con poder, empiezan a dar paso a una dinámica planificación por escenarios (Camps, *et al.*, 2017).

Esta pascua, que sin duda promete calvarios y resurrecciones en la profesión, es producto de la reconfiguración de las agendas, el rol protagónico de las historias en la generación de contenido, y los nuevos modos de relacionamiento (el fenómeno *selfie*, por ejemplo). Pero ¿por qué nos cuesta tanto ser estratégicos y planificar? Siguiendo en clave religiosa, necesitamos hacer un profundo examen de conciencia y confesar "nuestras faltas":

- Pensamiento: ¿para qué comunicamos? ¿Cuál es el propósito, la causa, la razón? ¿Cuán estratégicos son nuestros objetivos? ¿Sabemos y priorizamos con quién nos vamos a relacionar?
- Palabra: ¿qué comunicamos? ¿Gestionamos tácticamente la conversación, las distintas agendas? ¿Son nuestros mensajes portadores de sentido y de interés para nuestras comunidades de relaciones? ¿Hay una clara definición de atributos a comunicar? ¿Hay un concepto definido y acordado?
- Obra: ¿cómo comunicamos? ¿Qué niveles de eficiencia guardan nuestros procesos? ¿Cuán innovadores son nuestras acciones, productos, actividades, recursos? ¿Hay creatividad en nuestras ideas?

- Omisión: ¿cuándo comunicamos? ¿Conocemos el contexto? ¿Lo escuchamos activamente? ¿Evaluamos las oportunidades y el riesgo de comunicar o no comunicar?

Estos planteos (y propósitos) son de mesa chica, pero en una que no nos encuentra como protagonistas. La función estratégica de la comunicación requiere de capacidad de decisión; la función directiva, de capacidad de acción, y la función política es la que posibilita incidir en el presente y en el rumbo de las organizaciones. Por ello, el debate se lleva a cabo en torno a qué perspectiva debemos asumir al momento de planificar y gestionar la comunicación:

- Normativa/asesora: que produce diagnósticos y "planes libro" en función de los recursos disponibles. Es una planificación estática a largo plazo, reactiva antes las crisis y muchas veces considerada como una variable de "gasto" y no de inversión. Aquí la comunicación no es competitiva para la organización y sus objetivos.
- Planificación estratégica: gestiona la comunicación a partir de un modelo de dirección por objetivos en el que median acciones y resultados. Es más acotada en el tiempo, pero opera de modo preventivo ante riesgos potenciales. La evaluación es de impacto de tipo sumativa.
- Escenarios estratégicos: es una perspectiva que asume la realidad como contextos cambiantes, en los cuales los públicos gestionan sus intereses sin grandes dosis de racionalidad ni certeza. El ensayo y cambio es propio de esta perspectiva; proactiva, se basa en el seguimiento en tiempo real de *issues*, con una evaluación formativa que permite ajustes y cambios de rumbo. Gestiona sobre lo relevante en el contexto inmediato (*stay relevant*). (Ver Gráfico 1.)

Gráfico 1
Evolución de la planificación en comunicación en contextos de ubicuidad.

Fuente: elaboración propia.

En definitiva, los departamentos de comunicación de excelencia (Tench *et al.*, 2017), a la luz de *Latin American Communication Monitor 2017-2018* (LCM, Moreno *et al.*, 2017) están más avanzados porque aplican *big data*, estrategias de identificación y comunicación con social *media influencers*, apoyan a los altos ejecutivos con información y conocimientos para sus decisiones y actividades, dedican menos tiempo a la comunicación operacional y más tiempo a la orientación y al coaching, desarrollan un mayor nivel de competencias e invierten más y mejor en la formación de sus comunicadores.

Velocidad, flujos de información y agendas

Avancemos entonces sobre las características que hoy asumen las agendas, su configuración y los flujos informativos que generan. Al respecto, los últimos estudios sobre la profesión (Moreno *et al.*, 2019) confirman que el desarrollo de herramientas algorítmicas programadas para analizar, interpretar y recrear escenarios (Dörr, 2015) en la gestión de relaciones, junto a la gestión de sistemas de información basados en *big data* para la escucha activa y la toma de decisiones son las principales innovaciones y desafíos que enfrenta la comunicación estratégica en la actualidad.

Sin embargo, ya la edición 2016-2017 del *Latin American Communication Monitor* (LCM, Moreno *et al.* 2017) mostró el déficit en Latinoamérica en el uso de *big data* para la toma de decisiones basada en *issues*, con marcadas diferencias respecto de Europa (Tech Target, 2013; Zerfass *et al.*, 2016). Y esto sucede mientras en el mundo la función asesora de la comunicación cobra mayor protagonismo en aspectos clave, como los que señalan Zerfass y Franke (2013):

- Asesoramientos sobre gestión de comunicación ante problemas específicos de comunicación.
- Asesoramiento sobre las estructuras, procesos y competencias comunicativas que se requieren para abordar los problemas o necesidades comunicativas.
- Asesoramiento sobre los procesos de toma de decisiones organizacionales, más allá del mero acto enunciativo de la decisión.
- Asesoramiento para comprender y cumplir con las expectativas comunicativas mediante la creación y el fomento de una conciencia colectiva sobre la dimensión comunicativa de cualquier gestión, decisión o tareas en las organizaciones.

Sin dudas, las tendencias indican la necesidad de seguir profesionalizando, reconvertir estructuras y asumir modelos de gestión y planificación dinámicos, invertebrados pero absolutamente sistémicos. Las organizaciones no solo comunican estratégicamente sino que son comunicación estratégica (Grandien y Johansson, 2016). Ello implica, como anticipamos, una función de dirección y asesoramiento (Zerfass y Franke, 2013) –o función política (Simões, 2001 en su interpretación de Matrat, 1971)–, teniendo en cuenta la opinión pública mediante la gestión de relaciones. En la práctica implica construir, administrar y monitorear en tiempo real el desarrollo y su impacto en un conjunto de temas que cobran relevancia en las distintas agendas y como consecuencia en la producción de contenidos y la gestión de relaciones con los distintos públicos en función de sus intereses.

Este enfoque se enmarca en la perspectiva relacional de la comunicación que, como Ledingham (2003) ya anticipó, ha sido explorada en el contexto de varias funciones de relaciones públicas como la gestión de asuntos públicos (Ledingham, 2001), las relaciones con la comunidad (Ledingham y Bruning, 2001), la gestión de crisis (Coombs, 2000), las relaciones con los medios (Ledingham y Bruning, 1998, 1999) y también *issues management* (Bridges y Nelson, 2000; Heath, 2006; Nothhaft, 2010).

Particularmente, el *issues management* ha crecido como una disciplina aplicada y de investigación para compensar lo que algunos creían que era un enfoque insuficiente de la práctica de las relaciones públicas a mediados de los años setenta (Heath, 2006; Bowen, 2005) lo definió como "la función ejecutiva de las relaciones públicas estratégicas que se ocupan de la resolución de problemas, la definición organizacional, la planificación a largo plazo y la estrategia de gestión, así como la comunicación de esa estrategia interna y externamente". Asimismo, afirma que dicha actividad se enfrenta a menudo con "dilemas éticos a través de la identificación de problemas, la investigación, el análisis y la toma de decisiones de políticas en toda la organización con respecto a esos problemas". En consecuencia, hoy es una dimensión estratégica de la gestión de comunicación.

A su vez, la inmediatez y la amplificación de las agendas y el acceso a determinados grupos de *stakeholders* con gran precisión (Holtzhausen, 2016) requiere en relaciones públicas el empleo de *big data* (Dörr, 2015; Pavlik, 2013) para la gestión de bases de datos de gran tamaño y complejidad. Es clave para ello el desarrollo de sistemas de información para la escucha activa, el análisis del riesgo potencial y la simulación de probabilidades en distintos escenarios.

Sin embargo, la investigación académica en relaciones públicas y gestión de la comunicación apenas ha comenzado a reconocer su importancia y el potencial del *big data* pese al salto cualitativo que supone para la profesión. La edición 2016/2017 del LCM concluyó (Moreno *et al.*, 2017) que únicamente el 17,6% de los departamentos y agencias de comunicación latinoamericanos han implementado actividades de *big data*, mientras que el 16% planeaba empezar a hacerlo antes de que terminara 2017. Son las agencias, las empresas que cotizan en bolsa y las organizaciones públicas quienes lideran la implantación de *big data*, mientras que los consultores *freelancers* están muy lejos de este nivel. El 71,2% de las organizaciones que ya recurre al *big data* lo emplea para planificar las estrategias generales. Se utilizan algo menos para guiar las acciones del día a día (58,8%) y para justificar sus actividades (53,7%).

En efecto, es evidente que en el ámbito de la comunicación estratégica, el *big data* implica una gestión prácticamente en tiempo real, vinculado con una perspectiva proactiva de la gestión de la comunicación basada en la escucha activa de los públicos. Y la clave sin duda está en poder gestionar información para la toma de decisiones. La realidad es que nunca habíamos tenido tanta información y capacidad de procesamiento a nuestra disposición, una clara ventaja si sabemos cómo utilizarla y para qué. No solo se trata de sofisticar mediante automatizaciones las ideas tradicionales de la distribución de mensajes (Zerfass *et al.*, 2017); sino más bien de dimensionar la función política y directiva para influir en la toma de decisiones de alto nivel, contando con toda la información relevante (Borner y Zerfass, 2018), sobre todo en entornos cambiantes y situaciones de crisis (Vos, 2017).

En la práctica profesional implica también una evolución al suministro de resúmenes de noticias seleccionadas y los informes de monitoreo de medios y de redes que se proporcionan de manera regular. Más bien, se procura el acceso a información que permita el seguimiento de antecedentes de temas (*issues*) y *stakeholders*, sobre niveles de reputación y *performance benchmarks* de la organización.

Al igual que con el resto de la función de evaluación (Castillo, A. y Álvarez Nobell, A.; 2015), no existe un método ideal para la gestión de *issues*. Los métodos son herramientas que se aplican en función de los objetivos y niveles de impacto que se buscan medir y evaluar (producción, participación y resultados). De todos modos, en el caso de las comunicaciones digitales, Internet es un medio que nació para ser medido. Con lo cual allí la mayor dificultad es la etapa de evaluación, o sea, interpretar el cumplimiento o no de los objetivos. En efecto, resultan de alta importancia las herramientas a emplear para la escucha activa y control de las agendas públicas, de gestión o mediáticas y las conversaciones que en torno a ellas se producen. Por ejemplo: plataformas de *big data*, *clipping* de medios o planes estratégicos.

Cambio de paradigma

En este punto, ya tenemos claro que la gestión de comunicación en contexto de ubicuidad requiere funcionar en tiempo real, de manera preventiva y estructurada a partir de asuntos estratégicos, puntos importantes (o *issues*), siguiendo las agendas institucionales, mediáticas y públicas; es decir, lo que cobre relevancia de lo que está pasando en la sociedad. Este proceso permanente que es la escucha activa está asociada al segundo proceso que llamamos producción de contenido. Definir, a partir de los objetivos, un conjunto de atributos clave e intereses a comunicar, de acuerdo a determinados públicos. Dicha comunicación debe ser absolutamente controlada y coherente, además de pensada para múltiples dispositivos, plataformas y formatos.

El tercer proceso es la gestión de relaciones. En efecto, cómo ir siguiendo y midiendo esa conversación que se iba dando en las distintas comunidades con características particulares, hipersegmentadas y controladas. (Ver Gráfico 2.)

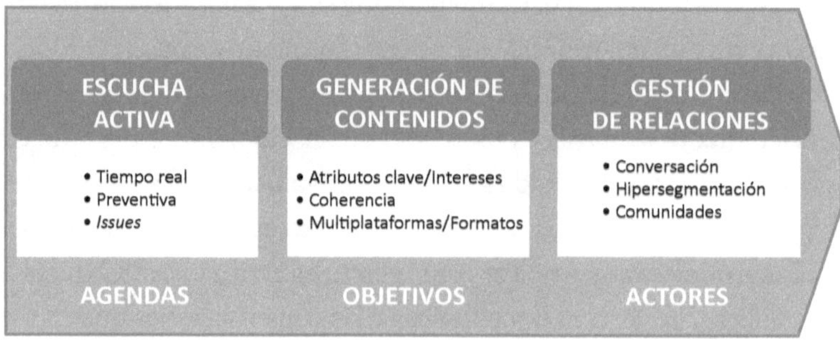

Gráfico 2
Nuevas dimensiones de la gestión de comunicación estratégica.

Fuente: elaboración propia.

Escucha activa

Básicamente, la escucha activa nos permite continuamente saber dónde estamos posicionados y definir cuáles son los temas de actualidad en las agendas, sobre los cuales vamos a gestionar. Para ello necesitamos escuchar activamente estas tres agendas: la mediática, la institucional y la pública.

A veces creemos que todo pasa por los medios de comunicación, pero, en realidad, gran parte de nuestras comunidades se están hoy relacionando y se informan por las redes sociales, todos los días y a toda hora. Nos transformamos prácticamente en la fuente de información básica externa y fundamentalmente para la toma de decisiones hacia dentro de la organización.

Contenido hipersegmentado

La segunda dimensión es la que permite activar la maquinaria de construcción y producción de contenido. La principal fuente son los sistemas de información, por ejemplo la georreferenciación, o incluso la segmentación, por ejemplo, de la información en redes sociales. Aquí se construye el llamado discurso institucional, donde la clave es la coherencia y la priorización de dispositivos. Trabajamos sobre el eje: concepto-idea-recursos.

Gestión de relaciones según intereses

Este último proceso explica el modo de gestión para con cada uno de los actores. Nosotros los comunicadores no tenemos que ser los protagonistas porque es importante que tengamos claridad sobre nuestro rol. En la era de la *selfie*, ni siquiera los políticos son protagonistas, sino el público. Al respecto, resulta clave el mapa de actores y el seguimiento de la conversación de lo que sucede. Adentrarnos a las comunidades de intereses, a las redes de relaciones es clave para legitimar nuestros mensajes y lograr el promovido impacto comunicativo desde la organización.

De identidad-imagen a reputación-*issues*

Ya para finalizar, en este nuevo contexto resulta importante pensar qué papel juega el binomio identidad-imagen. Como ya lo mencionamos, la conceptualización de la imagen es un problema que tenemos a nivel profesional y también académico, porque no nos ponemos de acuerdo en algunas cuestiones básicas. Estamos en un bucle epistemológico, en el que cada uno que va "publicando algún libro" crea un nuevo concepto con prácticamente las mismas dimensiones. Y entonces hablamos de "imagen", de "reputación", de "credibilidad", de "posicionamiento" que a veces confunden más de lo que realmente definen.

La imagen es como la foto, es el momento en el cual puedo identificar en la organización, en sus actividades o productos qué atributos de identidad me están comunicando y han sido definidos como claves.

Hasta las personas tenemos atributos de identidad que comunicamos: un nombre, una huella digital, una foto, una firma y un número de documento; todos, en definitiva, son atributos de identidad. Dependiendo de cómo los comuniquemos, generaremos una imagen, una representación mental que cada uno construye. Entonces, es fundamental entender que nosotros nunca podemos gestionar la imagen. Como responsables de comunicación gestionamos los modos de comunicar la identidad que, sostenida en el tiempo, logra un posicionamiento que se adecua hasta conseguir una credibilidad, que es en definitiva por lo que deberíamos trabajar (capital intangible). Por eso, si no tenemos clara nuestra identidad, que es lo que nos hace diferentes del resto, difícilmente impactemos con una imagen positiva. Vamos a estar generando en el público una imagen ficción o una imagen equivocada.

¿En qué cambia entonces la tradicional gestión de atributos a comunicar y su impacto en los públicos, considerando los contextos actuales? Ya es sabido que la imagen es el resultado de un proceso cotidiano de representación mental, imposible de controlar y limitar. Nuestro foco, entonces, sigue estando en la gestión de nuestra comunicación en tiempo real. En este sentido, la planificación estratégica basada en la "dirección por objetivos" es un ordenamiento clave para establecer procesos de evaluación de impactos en la gestión de comunicación de la relación identidad-imagen.

Sin embargo, ante reiterados contextos fluctuantes, riesgos y conflictos latentes, e incluso crisis, que afectan al sistema de valores de la organización, la gestión de agenda demanda ser más proactiva (preventiva) que reactiva (reparativa). La sociedad de la ubicuidad, que ha revolucionado las dimensiones de tiempo, espacio y persona en las relaciones, requiere que las organizaciones se adapten permanentemente a los cambios en los contextos, y ensayen respuestas (escenarios) sin solución de continuidad.

En efecto, como ya anticipamos, el *issues management* está modificando sustancialmente el impacto de las agendas en la gestión de comunicación y su evaluación; y en consecuencia: los proceso de escucha activa (el fin de los diagnósticos), la producción simultánea de contenidos (cargada de atributos) y la gestión de relaciones con los distintos públicos en función de sus intereses (reputación-*issues*).

Hacia el futuro cercano, Dircoms España sostiene que las cinco tendencias que deben (pre)ocuparnos serán: la dimensión ética de las organizaciones, los nuevos modelos de intercambio comercial (*blockchain*), las personas como centro, la gestión por propósitos (como una evolución de los objetivos y las metas) y la función de medición y evaluación. El célebre historiador israelí Yuval Noah Harari nos dice en *21 lecciones para el siglo XXI*: "La nueva dimensión global de la vida personal significa que es más importante que nunca poner al descubierto nuestros prejuicios religiosos, políticos, nuestros privilegios raciales y de género y nuestra complicidad involuntaria con la opresión institucional".

Es tiempo entonces, en lo personal y consecuentemente en lo institucional, de ampliar horizontes porque sobrevivirán aquellos que tengan capacidad de adaptación a los constantes e impredecibles cambios. En este escenario, planificar y ejecutar en tiempo real requiere de sofisticados procesos de escucha activa y evaluación (es imposible no medir), decisión político-estratégica constante (que dé espacio a lo que los comunicadores tienen para decir y aportar) y una capacidad de gestión de contenidos, automatizaciones y mapeo de relaciones sin precedentes.

¿Qué nos queda a nosotros mismos (comunicadores)? Sin duda, la tendencia indica la necesidad de seguir profesionalizando, reconvertir estructuras y asumir modelos de gestión y planificación dinámicos, invertebrados pero sistémicos. Hoy más que nunca es nuestra propia reputación la que está en juego, ante las evidentes oportunidades de entrar en el juego mayor de la gestión de las organizaciones.

CAPÍTULO 5

Los medios como influencers

Por Diego Rottman.

Licenciado en Ciencias de la Comunicación de la Universidad de Buenos Aires y director de la agencia DataPress Multimedia y del portal argentino Periodismo.com. Es autor con Jorge Bernárdez de dos libros sobre periodismo y medios: *Ni yanquis ni marxistas, humoristas* y *La Rebeldía Pop*. En 1997 publican la primera novela argentina en Internet, *Vida de Averchenko*. Como director de la agencia DataPress Multimedia realizó trabajos periodísticos especialmente orientados a gráfica impresa e Internet. Entre los clientes de DataPress están Microsoft, Intel, Yahoo!, Terra, Clarín, Editorial Perfil, Danone, ZDNet, CareerBuilder, Quilmes y el Ministerio de Educación argentino, entre otros. Además mantiene desde 1997 el portal Periodismo.com, ganador del premio Mate.ar al mejor medio de comunicación online.

Ideas para dar vuelta la página luego de dos décadas de la acelerada decadencia de los medios

El periodismo se debate hoy entre cinco caminos, emergidos de la metáfora canina: a) perros falderos: asumir una actitud de subordinación, dependencia, lambisconería y tibia o nula crítica con el afán de ganarse el beneplácito del dueño del poder y, por ende, paladear la chuleta publicitaria; b) perros cirqueros: privilegiar los criterios del entretenimiento o las maromas de la espectacularización desme-

surada para sorprender y así elevar ratings y tirajes, aun a costa del riesgo de la trivialización; c) perros de ataque: irse al pescuezo de los actores públicos a la menor provocación, erigiéndose como incuestionables fiscales a ultranza; d) perros de vigilancia: desarrollar una acuciosa tarea de supervisión del entramado sociopolítico a fin de custodiar o hacer valer, públicamente, el respeto de libertades y derechos ciudadanos, y e) perros lazarillo: hacer ver y aportar luz a quienes necesitan orientación en su andar cotidiano para elevar su nivel de vida

Omar Raúl Martínez.

Estamos viviendo la Revolución del Gato [...] Mientras aprendemos a hacer y compartir videos de gatos, estamos aprendiendo a crear y compartir medios que reflejen mejor nuestros propios valores y perspectivas.

An Xiao Mina.

Cada mañana, de lunes a sábados, me despierto, voy al baño, enciendo la computadora, me preparo el desayuno y empiezo a trabajar. Desde hace dos años, primero reviso 770 cuentas de famosos argentinos e internacionales en Instagram y selecciono los mejores seis posteos de las últimas 24 horas. De Lady Gaga a Cande Molfese, de Mirko a Paul McCartney. Las fotos más llamativas, los textos más conmovedores, los famosos más seguidos o las publicaciones más linkeadas son algunos de los muchos criterios que utilizo para decidir quiénes quedan entre esas seis fotos del día. A cada una le escribo un título que le dé un contexto ("El pésimo día de Jimena Barón") y las publico en "El diario de Instagram", un resumen cotidiano de las noticias de las vidas de nuestros influencers.

Este post aparece simultáneamente en mi sitio Periodismo.com y en la versión argentina de MSN, el portal global de Microsoft. Durante 2018, El diario de Instagram hizo 91 millones de pageviews y tuvo 2,33 millones de visitantes únicos, convirtiéndose en el contenido individual más visto de Internet argentina y probablemente en uno de los más vistos del mundo.

Después dejo Instagram y paso a mi siguiente tarea: revisar los medios en la web. Visito diarios digitales, medios online y blogs de todo el mundo y de todas las temáticas, salvo deportes. Selecciono los diez contenidos periodísticos que considero más interesantes, preferentemente poco difundidos, y equilibrando secciones como Argentina, Internacionales, Tecnología, Salud, Cultura y Medios. Esos diez links conforman la sección "Lo mejor de los medios" de Periodismo.com. Hago esta sección desde 1999 todos los días, menos los domingos y cuando me tomo vacaciones. A diez links por día 300 días por año, durante 20 años, llevo publicadas 60.000 notas, y revisadas al menos diez veces más.

En estas dos décadas pude ver la acelerada decadencia de los medios. De percibirse como bastiones contra la corrupción, "tribunas de doctrina" y espacios disputados para publicar ideas a convertirse en cambalaches precarizados que buscan salvarse de la extinción, compitiendo por una atención y unos ingresos cada vez más magros.

Y si antes los medios decidían quién salía y quién no, ahora deben resignarse a ir detrás de los famosos con engagement. La exclusiva que antes conseguían para sus páginas, ahora aparece casi siempre antes en alguna red social. Y todos los medios compiten (competimos) en igualdad por el segundo lugar, por la republicación de las primicias que ahora se anuncian en Instagram o Twitter, sin gatekeepers ni tergiversaciones. Exactamente como quiere la fuente.

¿Cuál es la moraleja de todo esto? ¿Es demasiado tarde para que los perros de la prensa recuperen el lugar que les arrebataron los gatitos de Instagram? ¿Qué se puede rescatar del modo en el que las redes sociales y sus influencers se ganaron al público?

El *star system* es un invento de los medios

"No sé si vendo más discos por esta nota que te doy, por las fotos para promocionar el disco, dar el recital o firmar autógrafos. Solo sé que tengo que hacer todo eso para vender más.", supo confesar alguna vez Keith Richards. Hasta los Rolling Stones necesitan de los medios. Lo primero que hicieron los Beatles (¡los Beatles!) en Estados Unidos fue dar una conferencia de prensa y lo segundo fue ir a un programa de televisión. Hasta la más taquillera estrella de Hollywood todavía tiene que hacer payasadas frente a ignotos periodistas de países remotos si pretende que su película se conozca en todo el planeta.

Durante el segundo tercio del siglo XX las estrellas fueron personajes de ficción. Consolidada la industria del cine, flanqueada por la radio y la televisión, estos primeros actores taquilleros potenciaron sus carreras cuando se empezaba a hablar de su vida fuera de la pantalla. "Ídolo de la pantalla, verdadero ícono, la estrella aparece como una realidad entre figura pública y figura privada, entre imagen fílmica e imagen personal."[1]

Y esta dinámica está probada con datos: Pantheon[2], una herramienta creada por el *Media Lab* del MIT (Massachusetts Institute of Technology), analizó 50.000 biografías de personajes destacados de todo el mundo. Los investigadores demostraron que aquellas ciudades que adoptaron antes la imprenta tuvieron mayor probabilidad de ser el lugar de nacimiento de algún personaje famoso. Lo mismo pasa con la llegada de la radio y el cine: por esos días el trío formado por actores, cantantes y músicos copaban el 31% de las biografías. Luego, con la consagración de la televisión, y por ende de la imagen de no ficción en directo, el mayor cambio se produce con la irrupción del deporte: la mitad de los héroes de los tiempos televisivos son deportistas, con los jugadores de fútbol (el 28% del total) en el primer puesto[3].

Este pacto de mutua conveniencia entre estrellas y medios fue potenciando el star system. Para ascender de actor a estrella había que ser carismático y cortar entradas, sí, pero también tener el favor de la prensa.

---

1 Lipovetsky, G. y Serroy. J.: 2015.

2 Pantheon. (s.f.). Obtenido de https://pantheon.world/ Pantheon es un observatorio de la memoria colectiva humana. Con datos sobre más de 70.000 biografías, Pantheon lo ayuda a explorar la geografía y la dinámica de las personas más memorables en la historia de nuestro planeta.

3 Criado, M. A.; 2019.

Eclipsados por las redes sociales

La dulce vocación maternal de Mirtha Legrand podría terminar con su carrera en la pantalla.
Revista *Radiolandia*, 1952.

Ya veremos si me retiro... yo me dejo llevar.
Tuit de @mirthalegrand, 2017.

Prácticamente todas las personas menores de 29 años se conectan a Internet (alrededor del 97%). De ese total, solo un 13% lee diarios por Internet y un 11% lee noticias y artículos en las redes sociales. Un 5,8% de los jóvenes de 12 a 17 años y un 14,3% de los jóvenes de 18 a 29 se informa por Internet. Un 39% no lee nunca blogs o portales de noticias. Ver gráfico 3.

Gráfico 3
Frecuencia de lectura de diarios en papel,
diarios en Internet y noticias en redes sociales

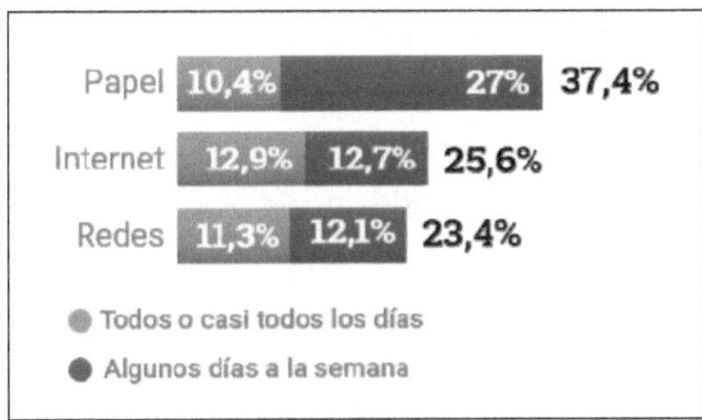

Es lógico: a mayor oferta, mayor atomización. Pero ¿es solo eso? Arriesguemos algunas teorías valiéndonos de las cinco doblevés del periodismo:

— *¿Dónde* aparece primero una noticia?

Si pensamos cómo nos enteramos de las grandes noticias los últimos años, probablemente haya sido primero en Twitter y recién después en medios digitales, radio, televisión, diarios impresos y revistas, en ese orden. Un orden que coincide bastante con los números de la huida de más arriba.

— *¿Cómo* se conoce la noticia?

Si fue por Whatsapp o Facebook, fue por un amigo nuestro casi seguro. Si fue en Twitter, puede ser el tuit de un medio pero, más probablemente, por un periodista que tuiteó para sus seguidores o (atención) la misma fuente de la noticia: Maluma, Luciana Salazar o Jair Bolsonaro.

— *¿Cuándo* aparece la noticia en el medio?

Acá influye lo conflictivo para con los intereses del medio, el tamaño del medio y el soporte por el que se distribuye. Una noticia de farándula saldrá en un diario digital minutos después de haber aparecido en las redes. Una noticia política que entra en conflicto con los intereses de un diario impreso puede tardar un par de días en verse en el papel. O no aparecer nunca.

— *¿Por qué* aparece una noticia en un medio?

Los medios siguen manejando esquemas de producción del siglo XX. Hay reuniones de producción, una jerarquía de editores, varias áreas involucradas en la toma de decisiones. Un elefante pesado y lento. Dice Daniel Hadad que si el Grupo Clarín fuera comparado (por tamaño y lógica) con un ejército, su sitio Infobae sería una guerrilla.

— *¿Quiénes* son los destinatarios de las noticias?

Pese a que el sentido común intuye que los medios son cada vez más frívolos, me atrevo a afirmar que, comparados con la mayoría de la población, al menos los diarios son un reducto ilustrado. Por su necesidad de planificar y su estructura de empresa periodística, un diario tiene una cantidad de páginas de Política a llenar por una cantidad de periodistas políticos que probablemente no tengan su correlato en las expectativas de los lectores. Lo mismo con Cultura o con Economía:

le hablan a un ciudadano ilustrado y del otro lado hay un consumidor distraído.

— En este contexto cabe preguntarse: ¿qué espacio tienen los emisores tradicionales en este nuevo esquema?

Los medios cedieron su lugar de privilegio, de acuerdo, pero ¿están condenados a desaparecer? Hay esperanza. Cuando Facebook se cayó en todo el mundo el 3 de agosto de 2018, el tráfico directo a sitios web subió un 11% y el de apps de noticias, un 22%[4]. Ver Gráfico 4.

Gráfico 4
Tráfico de webs de noticias durante la caída de Facebook
el 3 de agosto de 2018.

Cuando Facebook deja de funcionar, la gente se va a leer contenido en la web. La tendencia fue recogida por Chartbeat, servicio usado por medios digitales en todo el mundo.

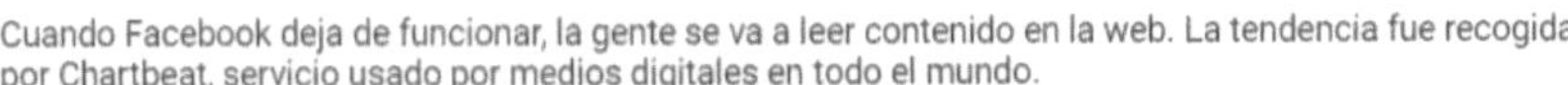

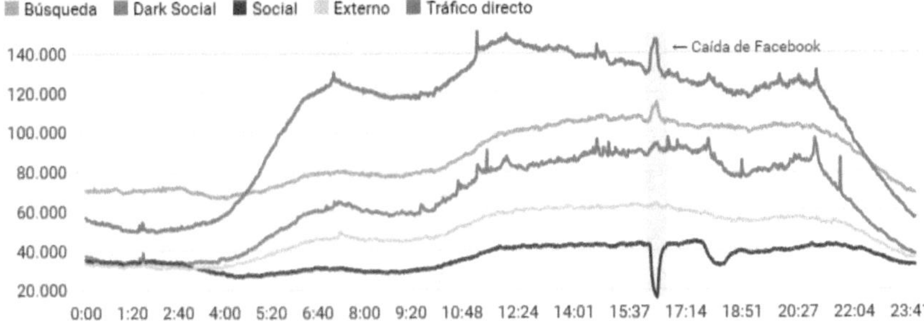

Chart: Hipertextual • Fuente: Chartbeat • Created with Datawrapper

Cuando YouTube se cayó el 17 de octubre de 2018, el tráfico a sitios informativos subió un 20%.[5] Supongamos que intentaban saber qué estaba pasando con YouTube, pero también especulemos que los medios son el Plan B de los usuarios. Lo que lleva a cederles el trono a las redes sociales y a sus caras visibles y, a la vez, a preguntarnos cómo imitar lo que hicieron bien.

---

4 Schwartz, J.; 2018.
5 Hang, S.; 2018.

¿Qué pueden copiarles los medios a los influencers?

"Amor. Saber cuánto somos amados por cada lector. Podemos ver con qué frecuencia la gente vuelve a leernos y cuál es su recorrido, pero lo que realmente queremos saber es si nos aman y qué protagonismo tenemos en sus vidas. De eso trata el periodismo: ¿tuvimos un impacto en sus vidas?", señaló tiempo atrás Sari Zeidler, directora de Crecimiento de Quartz.

Están dos editores de un medio digital debatiendo los contenidos que más "garparon" el día anterior: sopesan pageviews, visitas, rebote en las redes sociales, si otro medio levantó la noticia… en eso, un tercer editor, que observaba callado, pregunta: "pero ¿nos amaron?".

Este diálogo imaginario, basado en la frase que abre este apartado, no solo no podría existir en el panorama actual, ni siquiera nadie tiene esa pregunta en la cabeza. Si alguien, efectivamente, se hiciera esta pregunta, no habría un modo convincente de responderla. ¿Y qué tiene que ver esto con los influencers de Instagram? Que ellos sí saben si los aman o no: los más de 340 mil seguidores de @paulinacocina la aman.

Muchos estarán con el ceño fruncido: Nelson Castro no es el Chapu Martínez, no es la función de Joaquín Morales Solá sacarse fotos en Disney, ni un medio es una persona. Y tienen razón. Porque la pregunta que debe formularse es: ¿qué ventajas tienen (o deberían tener) los medios por sobre los influencers?

Un medio es Instagram, no Pampita; el medio es la plataforma y no sus usuarios. Podemos mirar las páginas de un diario como un timeline de posts de usuarios que escriben contenido periodístico. Romper la mirada cristalizada que tenemos de los medios es el primer paso para pensarlos de un modo distinto. Cuando alguien navega ese timeline periodístico, en papel o virtual, espera cualidades que no le exige a un instagrammer. Algunas de esas cualidades podrían ser:

1. Chequeo de cada información que se difunde, preferentemente en el lugar de los hechos o por fuentes directas.

2. Publicar solo información confirmada.

3. Un editor responsable identificable que se haga cargo de todo lo que se publica.

4. Capacidad de rectificación si se comete un error.

5. Privilegiar la confianza y lealtad del lector por sobre las de la fuente.

6. Separar opinión de información e información de publicidad.

7. Ser justos.

8. Escribir (hablar) bien y sin errores.

9. Responder a las cinco doblevés del periodismo (qué, quién, cómo, cuándo, dónde y por qué).

10. Darle al lector la capacidad de entender el mundo en el que vive.

Podríamos seguir, pero todos coincidimos en que esto es lo básico que se le debería pedir a un medio periodístico profesional. ¿Cuántos medios dirían que cumplen con estas cualidades? Muy pocos, más allá de lo que proclamen los eslóganes que van debajo de sus logos. Por eso, el primer paso para ser amados es empezar a hacer lo que se supone que tienen que hacer por defecto: periodismo.

Las inaudiencias

Mil millones de personas se conectan mensualmente a Instagram[6], la mayoría entre 18 y 29 años[7]. Hay 200 millones de perfiles comerciales[8]. Y ya que hablamos de amor, el emoji ♥ fue usado 14 mil millones de veces durante 2018[9]. Jóvenes, anunciantes y amor, son los ingredientes de un coctel que los medios deberían atender...

6 Statista, 2018.
7 Zuppello, S.;2019.
8 Instagram para Empresas, 2018.
9 Instagram Info Center, 2018.

Sus usuarios son a la vez consumidores y creadores de contenido. Los encontramos de todos los tamaños: el usuario raso, la mayoría, con pocos seguidores; el influencer nativo, alguien que se hizo conocido en Instagram o alguna otra red social, y la celebrity, famoso antes de Instagram que lo usa como una pata extra de sus estrategias de promoción.

Influencers y celebrities son los principales creadores de contenido con engagement y viralizable, pero sus diferencias van más allá del número de seguidores. Jonathan D. Moreno distingue a los influencers de las celebrities por lo que él llama la "proximidad de red social". Las celebrities son personas en las que proyectamos fantasías, mientras que los influencers hacen que esas fantasías sean alcanzables[10]. Los influencers ocupan un espacio extraño: son pseudocelebridades pero que a la vez actúan como nuestros amigos. Si bien los influencers son desconocidos para nosotros en la vida real, su franqueza en línea puede crear una conexión profunda con sus seguidores.

Es claro que los programas de radio tienen mucho de redes sociales, con sus conductores/celebrities, sus columnistas/influencers y la presencia permanente al aire de los oyentes/usuarios rasos y ese clima festivo y a la vez confesional y autorreferente. Pero con el top de la hora, llega el informativo y desaparece la magia. "Se fueron mis amigos y llegó este señor serio que habla de cosas aburridas en un tono monocorde." Y esto se traslada a los diarios, los programas políticos de cable, muchos momentos de los noticieros de televisión y una buena porción de los medios digitales. Donde el influencer postea cercanía, el medio informativo publica distancia.

Cuando se les pregunta a los argentinos de entre 18 y 29 años por qué no leen diarios, el 38,6% responde que "no le gusta"; el 44,1%, que "no le interesa" y el 6,8%, "descree de los diarios" o "le deprimen las noticias"[11]. Casi un 90% de los jóvenes que no leen diarios está básicamente espantado.

---

10 Zuppello, S.; 2019..
11 Sistema de Información Cultural de la Argentina, 2018.

¿Y si en lugar de engolosinarnos con el público cautivo de las noticias empezamos a buscar a los que huyeron o nunca llegaron? Disputarse la estrecha porción de los informados es un juego de suma cero. Realizar encuestas de satisfacción entre los satisfechos solo alimenta la endogamia. Miremos en cambio al resto, a los que no quieren ser audiencia, las inaudiencias. Si la mitad de los adolescentes de Estados Unidos son evitadores de noticias, y eso no cambia cuando llegan a la edad adulta, es problemático para la supervivencia a largo plazo de la industria de las noticias[12].

¿Cómo empezar a entender mejor a las inaudiencias? Además de preguntar ¿por qué las personas consumen noticias?, debemos preguntar sin juzgar ¿por qué las personas no consumen noticias? Estas son preguntas diferentes que producen diferentes perspectivas. Lo que impulsa a las personas hacia las noticias no es lo mismo que lo que las aleja[13]. Y, cuando se alejan, miremos, también, adónde van y a quién sí escuchan. Quién "les gusta" y "les interesa". En quién "creen" y quién no "los deprime".

Juniors seniors

Detrás de cada proyecto periodístico innovador hay un joven. Alguien al que no le importa correr riesgos, que está dispuesto a equivocarse, con energía para encarar desafíos difíciles, sin familia a la que mantener, sin historia a la que honrar. Recordemos que Natalio Botana y Jorge Lanata fundaron *Crítica* y *Página/12*, respectivamente, a los 25 años, con redacciones experimentadas, pero imprimiéndoles un espíritu juvenil. Cuando Juan Castro comenzó a hacer informes en Telefé Noticias a los 22 años, era el segmento más esperado (y atípico) del noticiero, que sirvió para conquistar a otro público que no miraba noticieros.

---

12 Edgerly, S.; 2018.
13 *Ibidem.*

¿Y si un diario en papel o un canal de noticias pusiera a un *Centennial* a cargo? Pero en serio, alguien de 17 a 21 años. ¿Cómo sería TN dirigida por Kevsho? De seguro no es poniendo videos virales de YouTube o gastándose bromas entre los conductores que un informativo rejuvenece.

Una generación de influencers, VJ y youtubers que crecieron viendo y haciendo videos en línea ahora podría liderar los medios tradicionales. Están incorporando una nueva gramática para el video, con su propio ritmo, tono, estilo y estructura dramática. Y con una comprensión de las diferentes plataformas en las que se comunican. Un mismo video se edita distinto para YouTube, Facebook o Instagram. ¿Qué mostraría ese video preparado para el prime time de la televisión?

En la investigación "Redes sociales y soledad: por qué una imagen de Instagram puede valer más que mil palabras de Twitter", comparan el éxito de plataformas eminentemente visuales, como Instagram, con plataformas de texto, como Twitter. La cultura visual, concluyen, hace que nos sintamos mejor. El uso de plataformas basadas en imágenes se asocia con niveles más bajos de soledad entre los usuarios y niveles más altos de felicidad y satisfacción, mientras que las plataformas basadas en texto no tienen correlación alguna con una mejora en la salud mental[14].

Además de las noticias en tu área, adaptadas por geolocalización, o el Daily Me que postulaba Negroponte, la personalización de la información debería ajustarse al usuario imitando el algoritmo de timeline que usan Facebook o Instagram, descartando el ordenamiento cronológico en pos de una combinación de decenas de factores, pero privilegiando el interés, el tiempo de publicación y la relación, más tres elementos complementarios: frecuencia, seguimiento y uso de cada publicación[15].

Hasta hace no mucho más de dos años, el sitio principal para un medio era la versión de escritorio. Esto se revirtió brutalmente y ahora el sitio debe pensarse primero para móvil y después para escritorio.

---

14 Reich, M.P.; 2016.
15 Lua, A.; 2019.

Recién en octubre de 2016 Instagram lanzó su app para Windows 10 y al día de hoy su sitio sigue sin ser completamente funcional desde el navegador. Y no es porque no sepan cómo hacerlo.

Además de tener la mayor porción de la torta de visitantes, los usuarios móviles dedican un 40% más de tiempo a participar activamente que sus equivalentes de escritorio (22 segundos dedicados frente a 16 en el escritorio). Adicionalmente, hay un 20% más de clicks en celulares que en las computadoras[16].

En este contexto los adultos norteamericanos pasan 10 horas y 24 minutos por día interactuando con medios, ya sea mirando, escuchando o leyendo contenido a través de dispositivos. De ese tiempo, los celulares se llevan el 65% del uso digital[17].

En promedio, las publicaciones de videos en Facebook obtienen al menos un 59% más engagement que otros tipos de publicaciones. De hecho, al mirar qué tipos de contenido conformaron las 500 publicaciones principales de 2018 en Facebook ¡más del 81% fueron videos! Las imágenes solo representaron el 18% de las publicaciones principales, mientras que los enlaces representaron solo el 0,2%[18]. Ver Gráfico 5.

Gráfico 5
Las 500 publicaciones principales de Facebook de 2018

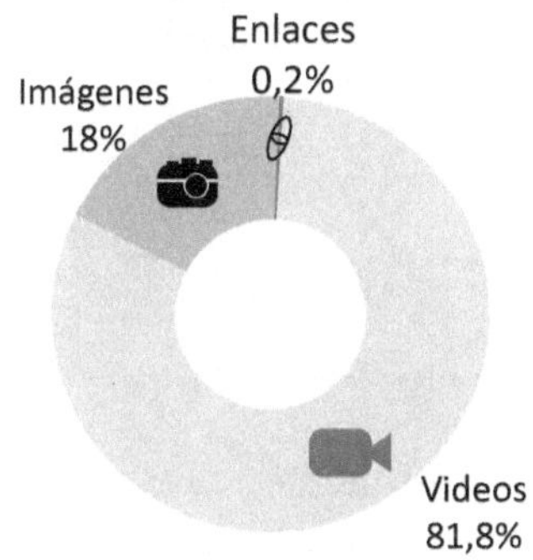

---

16 Stuart, K.; 2018.

17 Peters, B.: "Does Vertical Video Make a Difference? We Spent $6,000 on Tests to Find Out", 2019.

18 Peters, B.: "What 777,367,063 Facebook Posts Tell Us About Successful Content in 2019", 2019.

Instagram usa video vertical. Facebook usa videos cuadrados. Los medios usan video horizontal. ¿Quién tiene razón? Una investigación urge a los medios a imitar el ejemplo de Instagram y rotar de la proporción 16:9 (horizontal) a la proporción 9:16 (vertical). Genera más engagement, menor CPC y se ve mejor en los celulares. Lo que solía verse como una anomalía (la gente olvida poner su teléfono en horizontal para filmar) terminará siendo la norma: unos 1.000 millones de personas ya filman en vertical dentro de Instagram y de Whatsapp[19]. Y hasta YouTube tuvo que adaptarse para mostrar videos verticales sin franjas.

Instagram Stories y Facebook Live son el gran éxito de audiencia de las redes sociales. Y también demostraron ser el lugar ideal para los anunciantes.

Según proyecciones, un analista de Nomura predijo que la tasa anual de crecimiento de Stories superaría los ingresos en móvil a Facebook entre 2013 y 2016.

Gráfico 6

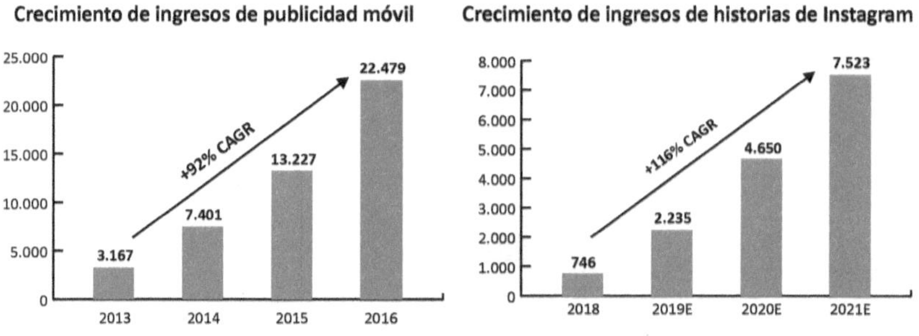

Crecimiento de ingresos de publicidad móvil

Ingresos móviles de Facebook
Fuente: datos de la empresa y estimaciones de Instinet

Crecimiento de ingresos de historias de Instagram

Ingresos de Instagram Stories
Fuente: datos de la empresa, estimaciones de Instinet

¿Cuántos medios transmiten en directo? En televisión es algo frecuente, pero pese a que los costos son cada vez menores, los sitios de noticias raramente emiten acontecimientos mientras suceden: alguna confe-

---

19 Peters, B.: "Does Vertical Video Make a Difference? … ", 2019.

rencia, un discurso político y no mucho más. Trasladar la lógica del canal de noticias al celular, pero con los beneficios de la interactividad (ver un incendio desde distintos ángulos, recorrer la inauguración de la Exposición Rural en 360°, etc.) es la gran asignatura pendiente del periodismo digital.

Los seguidores de un medio en la cuenta de Twitter no se superponen con su audiencia, pero constituyen el activo que más hay que cuidar; son los fieles. Esto lo saben bien los instagrammers que, como porristas, mantienen satisfecha a su audiencia con sorteos, promociones y consignas. Los followers en las redes y su público orgánico son el corazón de cualquier medio. Y esta fidelidad casi nunca es correspondida por el medio. Como ya se dijo, la radio es la más atenta con su público. Los diarios lo recluyen al correo de lectores y la televisión a las encuestas en las paradas del transporte público.

Los medios digitales tienen la mejor tecnología para establecer un diálogo con su público, pero son cada vez más los diarios online que eliminan los comentarios, agotados por el flujo inabarcable y los trolls. Pero eso termina marginando también los informes de errores, las sugerencias y, por qué no, los debates constructivos con los autores de las notas. Un visitante ocasional que se sienta escuchado probablemente esté más cerca de convertirse en visitante fiel. La nueva sensación de YouTube, Shane Dawson (21 millones de suscriptores), vuelve a editar sus documentales basado en las observaciones que recibe en los comentarios.

> *Para reconstruir la confianza, las organizaciones de noticias deben convertirse en una fuerza impulsora para mejorar el discurso público en línea, porque Facebook y Twitter no lo están consiguiendo. Una de las responsabilidades democráticas del periodismo es proporcionar foros confiables para la crítica y el compromiso del público. Defender las normas democráticas del debate informado y razonado. Luchar por la verdad.[20]*

---

20 Shanahan, M.; 2018.

Conectarse

Si algo tienen que aprender los "perros" de los medios de los "gatos" de las redes es que la comunicación contemporánea no es solo sobre hechos, sino también sobre sentimientos. La relación con la audiencia debería ser interpersonal y bidireccional. Escucharlos, sí, pero responderles; el periodista o el medio, no un telemarketer. Y para que sea bidireccional hay que involucrarla en todo el proceso de la producción de una noticia, no solo con la torta ya servida.

Una investigación del Center for Media Engagement de la Universidad de Texas[21] estudió el resultado de dar a conocer el backstage de cada nota y cómo influía en los lectores. Cada vez que se incluyó en una nota periodística un recuadro explicando por qué y cómo se había decidido cubrir una noticia aumentó la confianza en ese medio[22].

Gráfico 7

Explicando el proceso de por qué y cómo se cubrió una noticia en los diarios *USA Today* y *Tenessean*

Con el agregado de la explicación   Sin el agregado de la explicación

Categoría	Con el agregado de la explicación	Sin el agregado de la explicación
Reconocido	3,9	3,5
Informativo	3,8	3,5
Confiable	3,8	3,5
Creíble	3,8	3,5
Tiene integridad	3,8	3,4
Justo	3,7	3,3
Transparente	3,7	3,1
Confiable	3,6	3,4
Preciso	3,6	3,3
Imparcial	3,5	3,2
Cuenta toda la historia	3,4	2,9

---

21 Chen, G. M., Curry, A. y Whipple, K.; 2019.
22 Owen, L. H.; 2019.

Y el paso lógico después de darles espacio, escucharlos e involucrarlos es convertirlos en fuentes. El *New York Times* empezó a pedirles a sus lectores que rellenaran un formulario con sus datos personales para poder contactarlos en caso de que pudieran hacer aportes para distintas coberturas[23].

Por ejemplo, cuando los maestros de escuelas públicas hicieron huelga a comienzos de 2018, más de 4.200 docentes/lectores compartieron detalles sobre las condiciones en sus aulas. O antes de las elecciones de medio término norteamericanas, casi 1.500 *Milennials* evangélicos respondieron a preguntas sobre la relación entre su fe y la política.

¿Qué mejor equivalente del hashtag llevado al terreno periodístico? Un contenido filtrado a partir de una etiqueta conceptual, pero tamizado por el criterio periodístico.

Cuando una nota corta puede tuitearse en 280 caracteres, cuando una nota larga tiene más eco si se la pública como un hilo de Twitter, cuando un diario digital transforma tuits en columnas de opinión[24], el artículo periodístico está en crisis o mutará hacia algo nuevo.

En los veintipico años de periodismo digital las piezas periodísticas siguen siendo, en esencia, una nota de diario tal como las conocimos en el siglo XX. Algún link, alguna infografía interactiva cada tanto, un video embebido, pero los cambios son ínfimos. ¿Y si demolemos la nota periodística y la construimos de nuevo sin mirar atrás? ¿Cómo sería, por ejemplo, el título de una nota concebido pensando en el estado de Whatsapp o Facebook?

Melody Kramer, de Wikimedia Foundation, propone títulos mutantes, actualizables según progresa una noticia. Tal vez un primer título preliminar podría verse así, con un contorno vacío:

---

23 *The New York Times*: "Help us Cover the News", 2019.
24 Peñafort, G.; 2019.

¿Y luego cambiar de apariencia a algo como esto, semi-lleno, cuando va apareciendo más información?

MEN WALK ON MOON

Para cambiar una tercera vez cuando la historia se completa:

En otras palabras, se pregunta Kramer: "¿cómo podemos comprimir tanta información útil como sea posible en un titular? Colores, fuentes, sombreado, tamaño, posición, imágenes, interactividad, historia, metadatos; básicamente todos los elementos de diseño de la información codificada en múltiples dimensiones. ¿Cuáles son más útiles para mejorar el titular? ¿Cómo podemos probarlos?"[25]. Algo sencillo, pero que jamás habíamos pensado por mirar hacia adentro del periodismo en lugar de, por ejemplo, al mundo de los emojis o los stickers.

Pensemos que a un tuit lo rodea una docena de indicadores de información complementaria, que ya incorporamos y leemos sin darnos cuenta: likes, retuits, quién lo retuiteó en nuestro timeline, quién le hizo un comentario al retuitearlo, los comentarios de usuarios, la fecha de publicación, la aplicación con la que se tuiteó, el sistema operativo,

---

25 Kramer, M.: "Radically Rethinking Design", 2016.

la ubicación del tuitero. Todo en un espacio diminuto y con una lectura normatizada. Lograr algo equivalente en un titular sería un triunfo y no hay nada que impida implementarlo.

Sigamos mirando los códigos de los influencers: ¿vieron que es muy frecuente que se arroben entre ellos o que participen varios juntos en videos que luego postea cada uno en su cuenta? Así todos crecen y se benefician.

Los medios deberían empezar a linkearse sin pudor y sin temor. Citar la fuente, pero también mandar a sus lectores a ver una buena nota en otro sitio. Suena alocado, pero si todos lo hacen, esta sinergia potencia el ecosistema periodístico. "Si entre ellos se pelean, los devoran los gifs animados y los videos virales."

Gráfico 8
Promedio de contenidos publicados cada día
entre el 14 de marzo de 2018 y el 14 de marzo de 2019.

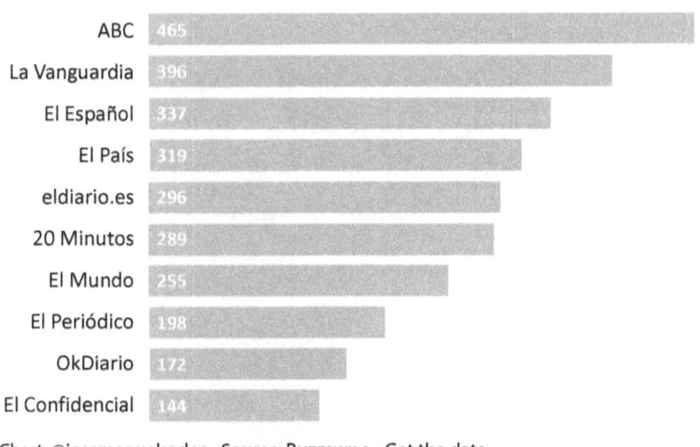

Los jueves es el día de la nostalgia en Instagram: el *Throwback Thursday* representado por el hashtag #tbt, donde se suben fotos viejas o se repostea contenido ya publicado. ¿Qué equivalencia podemos encontrar para nuestros medios? "Rescata el contenido viejo". Los archivos de los medios están llenos de artículos que alguna vez funcionaron y que quedaron enterrados en la montaña de nuevo contenido que se genera cada día. El material *evergreen* reduce los costos y, si funcionó alguna vez, es muy probable que vuelva a hacerlo.

Lo que nos conduce al gran problema de los medios digitales: la cantidad abrumadora (e inútil) de contenido que se produce a diario. El temor a no tener lo que tiene la competencia obliga a producir notas y más notas mal escritas o directamente plagiadas que nadie verá. No publicar decenas de notas por día, con dos o tres buenas alcanza. Un influencer publica uno, dos o tres posts por día. Focalizarse no en lo que pasó, sino en lo que importa. Operar con la mentalidad del "segundo diario". Para el primero ya hay dos o tres ganadores consolidados.

The Atlantic publica unos veinte artículos diarios, entre 10 y 15 veces menos que un medio generalista tipo. Pero cada uno de ellos arrastra más de 6.700 interacciones en redes sociales de media, casi el doble que el *The New York Times* [26].

La fiebre de producir contenido en masa no es exclusivamente por no quedar fuera de la agenda, obedece a la lógica del click y el pageview, métricas en decadencia desde que la publicidad programática deja centavos. Deberíamos medir —como muchos ya lo hacen— el tiempo de permanencia, visitas recurrentes y lo que se comparte. Qué contenido impacta, deja una huella en el lector.

Una noticia ya no es una noticia

Con la agenda sobrecubierta y ante el desafío de publicar menos contenido pero más eficaz, ¿cuál sería el camino? Encontrar una personalidad y lograr que todos sepan que ese medio es el referente. Las cuentas de Instagram de cocina hablan de cocina y no de deportes, las cuentas hu-

---

26 Meyer, R.; 2016.

morísticas no hablan de rutinas de yoga (salvo para burlarse). Si quiero una receta sana voy a @eatclean, si quiero un plato chatarroso voy a @elgordococina. Especificidad, salir del generalismo. Las mismas noticias en uno y otro portal ya son un *commodity*, ¿por qué no apostar al nicho?

¿Y qué nicho es el adecuado? Un estudio de Reuters concluye que los lectores eligen las noticias por la relevancia que tienen en sus vidas. Y la relevancia está ligada a la sociabilidad. A menudo la elección se origina también en la creencia de que la familia y los amigos pueden estar interesados por la historia. Frecuentemente esto se combina con el deseo de compartir y etiquetar a un amigo en las redes sociales[27]. Para Dan Norris, autor de *Content Machine*, si un contenido es faveado o likeado, no es suficientemente bueno, ni siquiera considera este indicador en sus evaluaciones. Solo si logra ser retuiteado, enviado por email o compartido en nuestro timeline alcanza los estándares adecuados de calidad para sus expectativas[28].

Un ejemplo: todos los medios tienen críticas de cine (algo obsoleto e incomprensible) y ninguno tiene críticas de lavarropas. En Estados Unidos hay excelentes ejemplos: sitios de reseñas de productos, como The Wirecutter (de *The New York Times*) o Consumer Reports. ¿Qué está esperando algún medio para hacer algo similar en español?

Atraerlos, no empujarlos

"El mundo sería mucho mejor si fuera gobernado por los perros y los gatos. Son, desde un punto de vista ético, claramente superiores a nosotros", sentenció en una famosa frase el periodista y escritor peruano Jaime Bayly.

Esta definición me permite comenzar el fin de este escrito. ¿Entonces? La conclusión es que si los medios persisten en las mismas

---

27 Schmidt, C.; 2019.
28 Norris, D.; 2016.

prácticas que vienen teniendo desde hace un siglo, pero con precarización laboral, mayor competencia interna y externa, audiencia distraída y sin anunciantes que los sustenten, sus días están contados.

El camino para volver a ser influyentes y amados es redefinir la relación con los destinatarios de sus mensajes. Philip Smith habla de *pull journalism* (periodismo que atrae) como la respuesta al que ejercemos actualmente, *push journalism* (periodismo que empuja)[1]: "El periodismo que empuja hace algo de valor indeterminado para un grupo de personas anónimas conocidas como 'la audiencia', 'los lectores' o 'los oyentes', mientras que estás haciendo periodismo que atrae cuando sientes que tu nota va a ser importante para las personas que conoces personalmente".

El fracaso de la frase que habla de los perros como periodistas al comienzo de este texto es que omite las principales características de la relación de los perros con sus amos: fidelidad incondicional, amor y compañía. Curiosamente las características que el periodismo debería empezar a cultivar con cada uno de sus lectores.

¡Guau!

---

1 Smith, P.; 2019.

CAPÍTULO 6

Un sello de calidad para los medios

Por Gastón Roitberg.

Es licenciado en Ciencias de la Comunicación y magíster en Periodismo de la Universidad de Buenos Aires (UBA). Tiene un posgrado en Negocios Digitales en la Universidad de San Andrés. Fue gerente de Contenidos de América Online Argentina (AOL - 2000/2005). Trabajó como cronista, redactor y editor en Perfil en los 90. En la actualidad es secretario de Contenidos Digitales de *La Nación* a cargo de la operación de noticias 7x24, y coconductor del programa radial "Contacto digital, un puente entre las personas y los medios" (AM La 990). Además es profesor titular y coordinador del programa digital de la maestría en Periodismo de *La Nación* y la Universidad Torcuato Di Tella. Es presidente del board latinoamericano de la Asociación Mundial de Diarios y Editores (WAN-IFRA) y miembro del Instituto de Medios Digitales de la Academia Nacional de Periodismo.

El periodismo me enseñó recursos para dar validez a mis historias.

Gabriel García Márquez.

El periodista profesional como eje del cambio en la era de la posverdad

A mediados de los 90, un recordado profesor de periodismo, responsable de un taller de escritura, regalaba con generosidad a sus alumnos una suerte de decálogo de prácticas necesarias e ineludibles para ejercer la profesión. No era un manual de estilo ni una declaración de principios, sino una serie de recomendaciones para aprendices de la profesión, delante de las últimas máquinas de escribir que circulaban antes de la llegada masiva de las computadoras, los procesadores de texto e Internet.

El auditorio escuchaba con atención y el docente anotaba en el pizarrón: "Lo que nos convierte en periodistas es que frente a una ventana tenemos el acto reflejo de asomarnos para ver qué se observa del otro lado"; "Un periodista que no desconfía de una primera información es como un cirujano que no encarga estudios antes de operar"; "Una fuente no alcanza, dos fuentes pueden entrar en contradicción, tres o más fuentes aportan certeza y nos acercan a la verdad". Son apenas algunas notas que remiten a la época previa a la explosión digital, pero todavía gozan de una enorme vigencia en la llamada era de la "posverdad"[1], donde los recortes de la realidad que se publican en los medios se ponen bajo la lupa y el rol de los periodistas se relativiza.

El doctor Fernando Ruiz, docente de la Universidad Austral y autor del muy recomendable libro *Cazadores de noticias*[2], una radiografía de 200 años de periodismo en el país, afirma que existen tres causas de la actual epidemia de noticias falsas: en primer lugar, la revolución en el sistema de medios tradicionales que provoca la desarticulación del régimen de verdad a partir de la veloz transformación digital; en segundo lugar, el crecimiento en el mundo de los regímenes políticos autoritarios y populistas, que fomentan la polarización y son un caldo de cultivo para las noticias falsas, y por último, la actitud que toman las audiencias al tener una vocación por buscar información relacionada con sus creencias, metodología que tiende a quitarles jerarquía a las noticias que las contradigan. Por otro lado, menciona Ruiz la necesidad de tener una relación más amigable con el error teniendo en cuenta que una fábrica de noticias, "una refinería de

---

1 De acuerdo con la RAE, el término posverdad se refiere a "toda información o aseveración que no se basa en hechos objetivos, sino que apela a las emociones, creencias o deseos del público".
2 Ruiz, F.; 2018.

información", puede cometerlos a diario en su incesante búsqueda como control del poder de turno, la revelación de los secretos de los gobiernos, en palabras de Bob Woodward, la leyenda del periodismo que como cronista de *The Washington Post* sacó a la luz el recordado caso Watergate[3].

En el mismo sentido, dice el catedrático de ética y maestro de periodistas Javier Darío Restrepo en el prefacio de *Periodismo de calidad: debates y desafíos*[4] que "Ética y calidad periodística son gemelos, nacidos en la misma cuna. Siempre que uno encuentra un buen trabajo periodístico descubre que allí se entrelazan en una unidad indisoluble la ética y la técnica. En la calidad intervienen intangibles de difícil cuantificación que se relacionan más con las actitudes que con las habilidades, aunque estas hacen parte de los exigentes requerimientos de la actitud de servicio eficaz y de la responsabilidad para con la sociedad". Y concluye: "Si se piensa que la fuerza o la debilidad de la democracia en nuestros países tienen una relación directa con la calidad del periodismo, es forzoso entender que la calidad, animada por la ética profesional, adquiere la categoría de necesidad urgente e inaplazable".

En la búsqueda necesaria de un sello de calidad que identifique el contenido periodístico riguroso de otras fuentes más movedizas, se hace necesario hacer un breve diagnóstico sobre dónde está parado el ecosistema de medios de comunicación con relación a uno de los vectores más básicos del ejercicio profesional: el uso de fuentes.

Un estudio del Observatorio de Medios, Democracia y Ciudadanía[5] —realizado entre 2017 y 2018 por la Universidad Juan Agustín

---

3 El caso fue un escándalo político ocurrido en Washington en los 70 por el robo de do ocumentos confidenciales del partido demócrata, en su sede central del complejo Watergate, destapado por el diario *The Washington Post* y que llevó hasta la renuncia del entonces presidente de los Estados Unidos Richard Nixon.

4 Restrepo, J. D.; 2007.

5 Observatorio de Medios, Democracia y Ciudadanía de la Universidad Juan Agustín Maza de Mendoza: https://observatoriomediosumaza.wordpress.com/2018/08/20/agenda-informativa-democracia-y-ciudadania-en-mendoza-analisis-del-contenido-de-los-principales-medios-digitales-de-la-provincia

Maza de Mendoza entre los principales medios digitales del país– refleja un dato alarmante: se utiliza apenas 1,54 fuentes por nota en promedio; el número se eleva a 1,89 entre los medios del AMBA y cae hasta 1,16 fuentes por nota en promedio en medios del interior del país. Por otro lado, cuatro de cada diez fuentes son "refritadas" (reutilizadas) de otros medios. Y otros datos que aumentan la preocupación son: 9,1% son extraídas de redes sociales; 7,3%, de agencias informativas y el 57,2% de las fuentes citadas son oficiales. Durante un seminario organizado en Rosario[6], el periodista y secretario de Redacción de *La Voz del Interior*, Franco Piccato (co-autor del libro *Periodismo disruptivo. Dilemas y estrategias para la innovación*[7]), detalló algunas razones estructurales de esta precarización de la calidad: la reducción de recursos humanos y los presupuestos, la menor capacidad de contacto con los protagonistas de una noticia, la pérdida paulatina de procesos de control de calidad en el seno de los medios y el escaso tiempo dedicado a la necesaria verificación de datos.

Galaxia de la infoxicación

En sus predicciones 2019 para los medios de comunicación[8], el *Reuters Institute for the Study of Journalism* de la Universidad de Oxford sostiene que las plataformas como Facebook, Google y Twitter intensificarán su batalla contra la información falsa y la desinformación, pero el problema muta ahora a redes más cerradas y grupos más difíciles de rastrear y controlar.

¿Qué harán las plataformas para no dar por perdida esta guerra?

---

6 "El periodismo y los medios iberoamericanos ante los signos de este tiempo", seminario organizado por Fundéu Argentina, programa para el español urgente de la Fundación de la Lengua Española, Rosario, noviembre de 2018.

7 Roitberg, G y Piccato, F.; 2015.

8 Newman, N.; 2019, pág. 6.

Dice el informe que:

- Emergerá un enfoque renovado en los indicadores de confianza de las noticias y un mejor etiquetado diseñado para ayudar a los consumidores a que decidan en qué y en quién confiar. En este sentido, iniciativas como el *Trust Project, First Draft, Coral Project, Google News Initiative* y otras similares apuntan a instalar una suerte de norma ISO 9000 de los contenidos digitales.

- Con los usuarios de información cada vez más conscientes de la cantidad de tiempo que consumen conectados a Internet, veremos más personas que abandonan las redes sociales, mayor uso de herramientas para la desintoxicación digital y más foco sobre contenidos que ofrezcan un valor diferencial.

- Los servicios de noticias de consumo más pausado (*slow news*) podrían convertirse en un tema de interés con el lanzamiento de nuevas empresas periodísticas. Es el caso de Tortoise (Reino Unido), Kinzen (Estados Unidos) y la holandesa De Correspondent. Estos se presentan en sociedad como un antídoto a la saturación actual de cobertura rápida, superficial y reactiva de muchos jugadores digitales. Pero ¿cuántos lectores se subirán a esa ola? ¿Y serán servicios con un modelo de negocio sustentable detrás?

- Mientras que el crecimiento de los muros de pago (*paywalls*) supone una cuota de oxígeno a la crisis del modelo de negocios de los medios, en contrapartida está espantando a algunos usuarios que se acercan a otras opciones informativas de menor calidad. Algunos analistas pronostican que la irritación del consumidor aumentará este año ante la aparición de la ventana de pago y la adopción del software de "bloqueo".

El filósofo e intelectual español Fernando Savater sostuvo que "el hecho de que nos lleguen un montón de noticias que no sabemos de dónde provienen, ni si son fiables, ni quién las respalda o quién las da no es una democratización de la información sino un aumento de los peligros que implica conocer informaciones falsas que nos alejan de las verdaderas"[9]. Luego se hace una pregunta inquietante: "Si las medicinas que son vendidas en farmacias por farmacéuticos que han estudiado una carrera y, por lo tanto, ofrecen una cierta garantía, fueran vendidas en las esquinas por curanderos, ¿lo consideraríamos una democratización de la medicina o se trataría de un aumento de los peligros para el consumidor".

El informe 2018 del *Reuters Institute for the Study of Journalism* concluye que los próximos años serán determinantes tanto para editores como para plataformas en términos de la reconstrucción de la confianza y la credibilidad después de años de precarización de la calidad, la privacidad y la experiencia de los usuarios.

Ya se observan signos positivos en esta dirección; por ejemplo, el mejor etiquetado, identificación y priorización de contenido de confianza en las plataformas de distribución, con el apoyo de estándares emergentes sobre ética y verificación de hechos que puedan ayudar a distinguir información con buena reputación de rumores y trascendidos.

Al mismo tiempo, Facebook, Google, Twitter e Instagram, entre otros, están reconfigurando sus algoritmos para ser más respetuosos con las señales de calidad de los medios. Estas medidas no van a resolver de raíz el problema de la desinformación o información falsa pero será un buen cimiento para atacar con bases más sólidas esos flagelos.

El desarrollo y perfeccionamiento de los muros de pago como modelos de negocio sustentable, es decir productos basados en contenidos que los suscriptores están dispuestos a pagar, espantan las ofertas de mala calidad, los cebos defensores del click y otros objetivos alejados del rol formativo de los medios en las sociedades democráticas.

La innovación en narrativas visuales apunta a una nueva generación que está descubriendo contenido de calidad por primera vez. Pero muchos de esos experimentos todavía están en etapa embrionaria y su capacidad de conversión a suscripciones está por verse. Es necesario,

---

9   Savater, F.; 2014, pág. 13.

entonces, que haya un buen maridaje entre una propuesta de calidad y un sistema de pago que le facilite la vida al consumidor de contenidos digitales; es decir, que sienta la necesidad de pagar una producción como lo hace con una plataforma de streaming de películas y series o un servicio de música digital.

En tanto, los gigantes de Internet como Google y Facebook, cautelosos y defensivos frente a las amenazas regulatorias, empiezan a sentir los primeros embates de los medios que quieren hacer valer el derecho de autor de sus creaciones y no dejar que la producción intelectual tenga un valor que tienda a cero.

En paralelo, el ritmo de la innovación tecnológica no da respiro. La inteligencia artificial y el análisis de datos se abren camino con servicios de noticias más personalizados y relevantes, circuitos de distribución híper eficientes y un envasado que hoy dominan los dispositivos móviles, pero en el futuro quién sabe. Por otro lado, los asistentes de voz podrían convertirse en una importante puerta de entrada para acceder al contenido de los medios.

En este contexto, concluye el *Reuters Institute*, "las organizaciones de noticias deberán ser más claras que nunca acerca de lo que representan y sobre la audiencia a la que sirven. También necesitarán encontrar maneras de combinar sus recursos humanos con esta nueva ola de tecnologías para maximizar su potencial para crear más periodismo comprometido y sostenible en el futuro".

De las *page view* al *score* y la suscripción

Dice un informe del sitio Laboratorio de Periodismo de la Fundación Luca de Tena de Madrid[10], España, que casi todos los grandes diarios

---

10 Laboratorio de Periodismo: "Diez tendencias para la prensa en 2019", Fundación Luca de Tena, diciembre de 2018: https://www.laboratoriodeperiodismo.org/diez-tendencias-para-la-prensa-en-2019/?cn-reloaded=1

tienen implementado (o van camino a tenerlo) modelos de muro de pago (*paywall*), desarrollados por sus equipos de tecnología o un proveedor externo.

"La tendencia es lanzar los tres tipos de *paywall* más conocidos: *metered* (cantidad de notas), *freemium* (ciertos contenidos abiertos y otros cerrados a suscripción) y *hard paywall* o muro duro en el que es necesario pagar desde el primer momento para leer cualquier información", describe el informe.

Además, de acuerdo con el mismo informe basado en la consulta a responsables de negocios de diferentes medios "va a ir estableciéndose como estándar un modelo de *paywall* personalizado, en el que, en función del comportamiento del usuario, se le plantearán unas ofertas u otras, se le recomendará la lectura de unos contenidos relacionados con sus intereses como forma de que vaya madurando su voluntad de suscribirse, etc.". Por esta última razón están creciendo los equipos de análisis de datos y audiencia, claves para entender con mayor precisión el comportamiento de la audiencia.

La llegada de los muros de pago, concluye el reporte, "obliga a dejar de dar tanta relevancia a las métricas de vanidad (páginas vistas y entradas, por ejemplo) para fijar como objetivos cumplir otras métricas como *engagement* y calidad, tiempo de lectura de un artículo sobre tiempo estimado, o suscripciones generadas por un artículo —tanto de pago como de registro gratuito—, tasa de rebote, interacción con el artículo, cuántas veces se ha compartido en redes sociales, sesiones al día y a la semana por usuario, etc.".

Hacia una fórmula exitosa

Algunos medios como *The New York Times*, *Washington Post*, *The Economist* y *Wall Street Journal*, por citar ejemplos del mercado estadounidense, y *The Guardian* en el europeo, vienen apostando hace ya cuatro años en modelos de suscripción basados en la calidad de sus producciones, la originalidad, el concepto de servicio y el entretenimiento.

En esta línea comparten ciertas vías de acción para hacer una propuesta de valor, sin desatender la generación de audiencias masivas. En el libro *La reinvención de* The New York Times[11], el periodista y docente español Ismael Nafría menciona algunas de ellas:

- Foco en contratación de nuevos perfiles profesionales.
- Oferta diferencial para lectores exigentes.
- Muro de pago y venta de nuevas experiencias.
- Apuesta a la renovación tecnológica y al desarrollo de nuevos productos.

A lo que menciona Nafría puede sumarse que estas organizaciones asumen el desafío de la cultura *start-up* con sus típicos procesos de iteración, su característica de laboratorios de contenido en tiempo real, la experiencia móvil como impulsora del cambio y una búsqueda incesante por el análisis y cumplimiento de resultados en todas sus áreas.

Un consorcio de medios latinoamericanos llamado Grupo de Diarios de América (GDA)[12], interesado en cuestiones de calidad periodística, elaboró recientemente un documento (todavía en construcción al cierre de la edición de este libro) inspirado en normas de procedimiento para mantener y afianzar la excelencia en todas las plataformas. "No se trata, ni mucho menos, de verdades reveladas. Varios de los puntos planteados pueden sonar obvios; sin embargo, la experiencia diaria ha mostrado que no pocas veces esas obviedades se nos pasan", advierte el manual. Algunos de los puntos, inspirados

---

11 Nafría, I.: "Diez conclusiones y lecciones de la reinvención del NYT"; 2017, pág. 1.

12 Consorcio exclusivo integrado por los 11 periódicos independientes con más influencia en Latinoamérica: *La Nación* (Argentina), *O Globo* (Brasil), *El Mercurio* (Chile), *El Tiempo* (Colombia), *La Nación* (Costa Rica), *El Universal* (México), *El Comercio* (Perú), *El Nuevo Día* (Puerto Rico), *El País* (Uruguay), *El Nacional* (Venezuela) y *La Prensa Gráfica* (Salvador).

en la experiencia de *El Comercio de Lima*, *El Tiempo* de Bogotá, *O Globo* de Brasil, *La Nación* de Argentina y *El País* de Uruguay, entre otros, apuntan a:

1. Perseguir con obsesión las grandes historias, sobre todo aquellas que nadie ha contado antes.
2. Pensar en las audiencias. Brindar un servicio.
3. Ofrecer variedad en la oferta: exclusivas, investigaciones, crónicas, historias bien narradas, análisis escritos y en video, entrevistas, infografías con datos relevantes, videos, informes de profundización y propósito.
4. Presentar rigor y calidad. Verificar cada información que circula en las plataformas.
5. Considerar la distribución y el seguimiento. La repercusión de las historias no depende solo de la calidad, sino también de la estrategia de distribución.
6. Conocer las fuentes en profundidad. Hay que cultivarlas con método y ética, y asegurarse de incluir siempre diversidad de voces y perspectivas.
7. Ampliar la red de contactos. Ser constantes y disciplinados con relación al conocimiento de las fuentes.
8. Prestar especial atención a la competencia, las redes y el propio medio. Este autoconocimiento es la base sobre la cual construimos un mejor periodismo.
9. Revisar y contextualizar. Bien y rápido no son excluyentes. Los contenidos deben ofrecer concisión, un método de chequeo y un circuito de publicación veloz, sin perder precisión.

Nuevos perfiles profesionales

Medios internacionales como *The New York Times* incorporaron recientemente, en paralelo al crecimiento de su modelo de suscripción, nuevos perfiles profesionales muy vinculados al trabajo sobre la calidad del contenido.

Mucho más allá de la tradicional figura del defensor del lector que responde de puño y letra a las preguntas, observaciones y comentarios de los lectores, además de ocuparse de marcar las pautas éticas y profesionales del periodismo de cada medio, están surgiendo otros roles que todavía con carácter experimental marcan el cambio en los métodos de relacionamiento con las audiencias y particularmente con aquellos que compran la experiencia de ser parte de una comunidad de usuarios.

En este artículo se mencionan dos nuevos perfiles que se suman a otros muy particulares de la era digital y mencionados en el libro *Periodismo disruptivo*[13]: *editor/a de relación con el lector y editor de conversación pública.*

Algunas de sus principales tareas son[14]:

- Mejorar la forma de responder de manera directa a las sugerencias, comentarios, preguntas, inquietudes, quejas y otras consultas del público, ya sea a través de correo electrónico, redes sociales o publicaciones en los canales o plataformas propias.
- Asegurarse de que el medio sea lo más transparente posible en la forma en que se explica cada cobertura.
- Experimentar con nuevos formatos para llegar y atraer a las audiencias.
- Ampliar los esfuerzos para permitir que los lectores hagan oír su voz sobre los problemas del día en los diferentes espacios destinados a la expresión.
- Ayudar al *staff* periodístico a construir comunidades de lectores interesados en los temas que cubren.

---

13 "El identikit del periodista del futuro", en *Periodismo disruptivo, op. cit.*, pág. 95.

14 Descripción de la figura de directora del Reader Center del NYT: https://www.nytco.com/press/introducing-the-reader-center

- Supervisar las iniciativas de producción de contenidos en todos los canales en redes sociales, tanto las del medio como las de los periodistas.
- Colaborar con los departamentos de marketing para comunicar el valor del periodismo que se realiza.

La labor de este novedoso perfil ya se hace visible en dos terrenos: el cuidado extremo por responder a las expectativas de los suscriptores que pagan por establecer ese lazo como parte de la experiencia de pertenecer y la activa participación de los periodistas del medio en hilos de Twitter de los temas en los que se especializan, las transmisiones en Facebook Live y la interacción que se genera en vivo, y los Instagram *stories* como piezas de contenido cercanas a las audiencias y empáticas con ellas.

Hacia una métrica que refleje la calidad

Hay que reconocerlo: la proliferación de noticias falsas no es un fenómeno nuevo, pero en el actual ecosistema de noticias veloces, tiempo real y *breaking news*, representa un tema espinoso, tanto para los medios como para los propios periodistas. Es una preocupación que está profundamente instalada en el corazón de las redacciones. Genera inquietud en todos los niveles de la cadena de producción, pero en particular entre quienes tenemos a cargo la gestión de los equipos y la responsabilidad final sobre la calidad de los contenidos publicados en todas las plataformas. Se analiza en profundidad desde el lugar de la factoría que hoy incluye un diario en papel, revistas, un sitio de noticias, una plataforma de *podcast* y ahora también una señal de televisión. Se trata, además, de una fábrica de noticias que produce más de trescientas piezas de contenido diario.

Hace no tantos años, promovimos que muchos periodistas de la plantilla del diario *La Nación* contaran con una cuenta verificada en Twitter, de manera tal que pudieran ofrecer previsibilidad y transparencia a los lectores-usuarios de redes sociales en el momento de interactuar con periodistas reales, de carne y hueso, que trabajan en la redacción y que están muy identificados con la marca. Parece un detalle menor pero no lo es, y forma parte de la médula de nuestra propuesta de valor. Con ese estatus de verificación, es probable que a la audiencia se le disipen las dudas sobre la identidad de quien emite información u opinión. Es una marca de autenticidad, una certificación de calidad que ahuyenta los miedos y construye confianza.

En este sentido, iniciativas como el Proyecto Trust[15] en Estados Unidos marcan tendencia y muestran un horizonte posible. ¿En qué consiste? Se trata de un consorcio de 80 organizaciones de noticias dirigido por la periodista Sally Lehrman, a cargo de una cátedra de ética en la universidad de Santa Clara, en California, que desarrolla estándares de transparencia que contribuyen a la evaluación de la calidad y la credibilidad del periodismo. Entre los socios del proyecto están DPA, *The Economist, The Globe & Mail, La Repubblica, La Stampa, Mic* y *The Washington Post*, entre otros, pero además participan motores de búsqueda y plataformas sociales como Google, Facebook y Bing, que se comprometen a mejorar sus ofertas de contenidos con fuentes confiables y relevantes. Los indicadores de confianza de Trust se basan en entrevistas directas con personas reales que expresan su valoración y factores de credibilidad de las fuentes de información. Los lectores demandan un escudo de protección frente a impostores, pero también conocer en detalle quién produce cada historia, qué conocimientos tiene el periodista que la escribió y cómo está conformada la agenda de fuentes. Es la búsqueda obsesiva por construir un estándar digital que satisfaga las expectativas

---

15 El *Trust Project* —tal es su nombre en inglés— reúne a más de 120 organizaciones de medios y plataformas de distribución globales que avanzan en el desarrollo de un sello de calidad de los contenidos que producen o distribuyen basados en indicadores de confianza, como la transparencia, la pluralidad de fuentes, un método de trabajo y la experiencia periodística, entre otros. Más información en thetrustproject.org.

y necesidades de las personas: los indicadores de confianza basados en la precisión, la concisión, la veracidad y, sobre todo, la calidad.

Los responsables de las plataformas aprendieron de los recientes escándalos como el de Cambridge Analytica[16] y se pusieron a trabajar en la misma línea. Por ejemplo, Facebook –una de las mayores fuentes de tráfico de los medios periodísticos junto con su primo Instagram– ya presentó entre sus prioridades:

- Que las fuentes más confiables tengan una distribución diferenciada.
- Que los mismos usuarios expresen su valoración sobre el componente informativo de un artículo o video.
- Que se privilegien las noticias locales; es decir que se busque la densidad de conversación en una zona de interés.

Para ello recomienda a los medios:

- Promover interacciones significativas.
- Conocer con nivel de detalle a las audiencias.
- No utilizar "carnada" para interacciones, desestimar el contenido "cebo", las promociones, los concursos y las "trampas" con fines comerciales.

Y asume los siguientes compromisos:

- Interrumpir de manera inmediata los incentivos económicos.
- Retirar posteos de páginas que distribuyen noticias falsas.
- Tomar de inmediato las denuncias de noticias falsas de los usuarios.
- Usar toda la tecnología disponible para detectar, informar, reducir y eliminar estas anomalías y sancionarlas.

---

16 En marzo de 2018, esta compañía especializada en análisis de datos para la comunicación en procesos electorales fue el centro de un escándalo mundial después de que un ex empleado revelara algunas prácticas de la empresa para influir en elecciones políticas, que iban contra de las normas de Facebook.

- Alentar el trato respetuoso entre los usuarios y de las fuentes con los usuarios.
- Hacer el chequeo de la información y las fuentes a través de socios especializados como Chequeado.com, una ONG dedicada a la verificación de datos.
- Aportar información contextual de los artículos, un botón bien visible que permite conocer con más nivel de detalle la fuente que provee la información.
- Ofrecer artículos relacionados.
- Divulgar un indicador visual de noticias de último momento.
- Publicar consejos para la detección inmediata de noticias falsas.

El *Trust Project* en particular ofrece una serie de indicadores de calidad a los que los medios tienen que responder con toda claridad:

1. Mejores prácticas: quién publica y financia el contenido. Cómo es el trabajo de chequeo de la información.
2. Experiencia periodística: quién escribe y cómo se produjeron los contenidos.
3. Tipo de trabajo: el uso de etiquetas (*tags*) para distinguir Opinión, Análisis, Información y Contenido comercial.
4. Métodos: cómo fue la "cocina" de la noticia. Mecanismo de transparencia en los procesos de producción.
5. Citas y referencias: el acceso a fuentes detrás de los hechos descriptos y las afirmaciones publicadas.
6. Fuentes locales: ¿se trabajó en el lugar de los hechos, con información de primera mano?
7. Diversidad de voces: cuál es el esfuerzo para ofrecer diferentes perspectivas de un hecho.
8. Compromiso con los lectores: los esfuerzos de la redacción para ayudar a las audiencias a establecer prioridades de cobertura.

¿Cuáles son los requisitos para sumarse? Ser productor de periodismo profesional y original; tener una misión de interés público; ser independientes de la influencia de los poderes políticos, económicos y corporativos de turno; no publicar noticias falsas o información distorsionada; reconocer de manera explícita los errores y responder a las quejas sobre la calidad; atribuir la información a fuentes confiables con el crédito correspondiente; incorporar la diversidad de voces.

También hay que decir que en el interior de los medios, en el corazón de las redacciones, hay que hacer una profunda autocrítica. Muchos que se identifican como medios de comunicación son a la vez culpables de la proliferación de contenidos que buscan exclusivamente la eficacia de las métricas, pero aportan poco valor a la formación de ciudadanos y a la construcción democrática. No son noticias falsas, pero entre sus metas está la captura de audiencias masivas, la generación de clics e interacciones sociales mediante contenidos de poca profundidad y mucha sobreventa, con escasa visión crítica y metodología de réplica, réplica y más réplica. Hacer periodismo es poner a disposición de las audiencias hechos y protagonistas, que en condiciones ideales deben ser indagados con nuestros propios sentidos, formación, inteligencia y trabajo de campo.

La preocupación instalada es la proliferación de información apócrifa, de contenidos muy bien maquillados (solo en apariencia) que no responden a los parámetros de calidad que impone el trabajo cotidiano en los medios de comunicación y que hiere de manera directa la credibilidad periodística. En la plataforma digital, por ejemplo, hay que tener especial cuidado con la cantidad, diversidad y pluralidad de fuentes (propias y sindicadas) que llegan a nuestras manos a cada segundo. Si llegamos a fallar en este punto podemos herir de muerte la credibilidad que intentamos preservar como un factor diferencial, como atributo de la marca. Es por eso que en la plataforma digital debemos tomarnos unos minutos, hacer una pausa, llegar un poco más tarde que la competencia si es imprescindible transitar el camino lógico de chequeo de la información. No publicamos por impulso porque no está en nuestro ADN periodístico, no actuamos a partir de una placa de televisión. Por eso, como primer antídoto, es fundamental cumplir con nuestro rol, nuestros tiempos y nuestra metodología.

Para hacer la distinción entre periodismo profesional y el que no lo es, este proceso, esta metodología de trabajo tiene que funcionar a la perfección, o con el mayor nivel de eficiencia posible. Y eso es algo que diferencia también a un medio de calidad de otros medios o fuentes de información disponibles en la galaxia conectada. Es también lo que va a valorar un suscriptor cuando elija pagar por la membresía de un medio, por ser parte de una comunidad de lectores de contenidos de calidad. En los próximos años, será un enorme desafío contarles a las audiencias cómo es este proceso de producción, complejo y desafiante a la vez.

En ese sentido, hago una propuesta que tiene que ver con poner en cuestionamiento los indicadores de éxito que se utilizan hoy en los medios, sobre todo digitales, empezando por las páginas vistas, el tiempo en línea o las interacciones en redes sociales. Tal vez haya llegado el momento de construir entre todos una métrica que refleje el nivel de calidad de los contenidos, un indicador que también esté sometido a juicio directo de las audiencias. Habría que pensar en desarrollar una certificación de calidad, que incluso permita que esas fuentes confiables sean mejor valoradas por los algoritmos de las plataformas de distribución por las que se accede al contenido, además del tráfico directo a cada uno de los medios.

Continúa Woodward, a propósito de su libro sobre Donald Trump y la relación con los medios: "Hoy en día, en medio de la batalla de la política contra los medios, demasiada gente descree de la prensa: entre 20 y 60%, según diversas encuestas. Ya no podemos jactarnos de estar haciendo un trabajo maravilloso. Estamos obligados a hacernos la difícil pregunta sobre cómo mejoramos nuestros productos. Y creo que la respuesta a esa encrucijada es solo una: hacer el más profundo periodismo de investigación". Mejorar nuestros productos es también mejorar la calidad de nuestros procesos de producción, buscar y contar historias relevantes con todas las herramientas narrativas disponibles y generar un debate constructivo en la sociedad.

En algunos medios de tradición se apuesta por algunos principios –heredados de los viejos manuales de estilo– que guían el trabajo cotidiano, que ayudan a construir antídotos protectores frente al ecosistema de noticias falsas y fuentes de dudosa procedencia, y que ofrecen una capa protectora para el desafío de producir con el mayor nivel de excelencia posible. Inspirado en su ya clásico *Manual de Estilo y Ética Periodística*[17], *La Nación* elaboró una serie de pautas que son determinantes para la oferta de calidad:

1. Los contenidos ofrecen concisión, un método de chequeo y un circuito de publicación veloz, sin perder precisión.

2. Importa ser los primeros, pero es mucho más importante salir bien y ofrecer un material diferencial que capture la atención del lector y lo haga sentirse orgulloso de pertenecer a la comunidad de suscriptores.

3. Al público hay que contarle cosas nuevas, que no sepa. Ese es el gran aporte en el campo de la comunicación multiplataforma.

4. Lo importante va primero, la jerarquización manda. Pero lo interesante también tiene su lugar.

5. No se publica una cosa tras otra. No se trata de hacer un listado cronológico sino de ser un medio que cree en el valor de la jerarquización y el concepto de servicio al lector.

6. El objetivo no es seguir a la manada. Tampoco ofrecer lo que otros publican sin chequearlo antes. Hay que buscar ser diferentes, únicos.

7. Deben primar los contenidos de calidad, que preserven los valores con los que se creó el medio.

---

17 *Manual de Estilo y Ética periodística* del diario *La Nación*, Espasa Calpe, 1997.

8. Lo exclusivo y lo distintivo deben aparecer destacados en todas las plataformas.

9. Las firmas importan mucho.

10. La vida privada de los políticos no es noticia, salvo que ellos hagan pública la información.

11. Debe regir ante todo el buen gusto.

12. Atribuir siempre la información a fuentes. Las desmentidas dañan uno de los máximos valores: la credibilidad.

13. La credibilidad se ha consolidado a lo largo de la historia por una conducta basada en la verificación de los datos y la consulta de fuentes diversas.

14. No se publican títulos en potencial, salvo en muy escasas excepciones. Porque se trata de construir un instrumento de validación de la información, proveedor de certezas.

15. Reconocer los errores y brindar el espacio correspondiente para los descargos de quienes pueden sentirse afectados.

16. No usar términos altisonantes y estridentes. Escuchar todas las voces y dirigirse al lector con amabilidad y de manera directa.

17. Tener mucho cuidado con el tratamiento de noticias sensibles, como casos de suicidio, violaciones y muertes.

18. Respetar y hacer respetar los derechos legítimos de los autores y creadores de un contenido propio o citado.

19. No insinuar en los títulos ni abusar de las preguntas sin respuesta como un recurso fácil y previsible para generar audiencia. Ofrecer información y hechos concretos, que llevan el atributo de confiabilidad.

20. Orientarse por la información que los lectores proveen en su consumo diario y utilizar las métricas de manera efectiva y no efectista.

Por otro lado, en una Asamblea General de la Sociedad Interamericana de Prensa (SIP) realizada en la ciudad de Salta se publicó por primera vez una declaración sobre libertad de expresión en la era digital, que incluye en varios de sus pasajes conceptos vinculados al flagelo de las noticias falsas. Dice la SIP que "la diseminación maliciosa o deliberada de desinformación por parte de actores estatales o privados puede afectar la confianza pública. La desinformación no se debe combatir con mecanismos de censura ni sanciones penales, sino con la adopción de políticas de alfabetización noticiosa y digital. Los intermediarios tecnológicos deben adoptar medidas de autorregulación para prevenir la diseminación deliberada de desinformación".

En definitiva, la batalla contra las noticias falsas no está perdida. Al contrario, los medios tienen la oportunidad de reafirmar su lugar, refrendar su relevancia, pararse en la vereda de enfrente haciendo lo que mejor hacen: periodismo profesional de calidad, investigación profunda e incontrastable de los poderes de turno, chequeo y verificación de datos, y apertura de información pública para la toma de decisiones, entre otras tareas. Para lograr estos objetivos, tal como señala Ruiz[18], es necesario tener otra actitud frente a los errores, errores que se cometen en una "refinería que requiere alta precisión a un ritmo veloz". Y tener una estrategia frente a los desaciertos es contar con espacios de revisión genuinos de nuestra oferta de contenidos, crear posiciones específicas dedicadas al control de calidad, invertir y desarrollar tecnología apta para la detección de anomalías y construir instancias para aprender de los errores, no solo ortográficos y gramaticales, sino también de precisión, tonos y enfoques.

En la era de la infoxicación, de la expansión de fuentes diversas, de la democratización de las expresiones (constructivas y destructivas) en la plataforma digital, es esencial cumplir nuestro rol de verificadores y validadores de la información. Las noticias (verdaderas y falsas) pueden diseminarse en los espacios sociales masivos, en las llamadas plataformas que jerarquizan con algoritmos e intereses co-

---

18 Ruiz, F.: op cit.

merciales, pero siempre habrá una audiencia desconfiada que requiera un sello de confianza (con el mayor nivel de cercanía a la verdad) de medios y periodistas profesionales. Una audiencia ávida de acercarse a la ventana para comprobar con sus propios ojos, y en el marco del pacto de confianza que tiene con su marca informativa, qué se observa del otro lado de la ventana.

CAPÍTULO 7

La economía del conocimiento

Por Carlos Pallotti.

Es un emprendedor con más de treinta años en la industria de las tecnologías de la información y desarrolló negocios, e impulsó políticas públicas en varios países de América Latina. Como fundador y líder de varias compañías y asociaciones empresarias, posee una amplia experiencia en gerenciamiento multicultural, liderando equipos de negocios, ventas y marketing en diferentes países de América Latina. Actualmente es asesor en políticas públicas tecnológicas y de desarrollo productivo en varios gobiernos nacionales y regionales. Ha sido responsable por las políticas públicas aplicadas a la industria tecnológica en el gobierno nacional, donde se desempeñó como subsecretario de Servicios Tecnológicos del Ministerio de Producción de la Nación. Fue reconocido con el premio Nexus Illuminate Award en San Francisco, California, como la personalidad del año 2018 en desarrollo tecnológico y promotor de inversiones en América Latina.

Puertas abiertas a la transformación de la sociedad y los negocios

La economía del conocimiento ofrece hoy una de las mejores oportunidades para el crecimiento para países como Argentina, que disponen de un sistema educativo al alcance de buena parte de la población. India, Polonia, República Checa, Rumania y algunos otros comparten esta ventaja competitiva que significa tener escuelas y universidades a las cuales pueden acceder personas de diversos extractos sociales y, por lo tanto, generar técnicos y profesionales aptos para desempeñarse en esos países. Argentina ha usado positivamente esta ventaja y ha convertido la Economía del Conocimiento (EdC) en una importante fuente de generación de divisas y de empleos calificados, convirtiéndose de hecho en uno de los motores más promisorios para el desarrollo del país.

Planteado así, esta disciplina comprende una serie de actividades productivas, cerebro-intensivas, con alto nivel de innovación, y que por su naturaleza están más ligadas a la provisión de servicios, antes que a la producción de bienes. En todo caso, embeben servicios dentro de los bienes, agregándoles un valor diferencial fruto del conocimiento que conllevan. Estos servicios son denominados comúnmente como Servicios Basados en el Conocimiento (SBC).

Según la Organización para la Cooperación y el Desarrollo Económico (OCDE), los SBC son actividades con un intensivo uso de tecnología que requieren trabajo calificado para aprovechar las innovaciones tecnológicas. Se trata de sectores altamente innovadores que favorecen la creación de conocimiento y generan ganancias de productividad en toda la economía. Comprenden, entre otros, los servicios informáticos, contables, jurídicos, audiovisuales, marketing, publicidad, asesoramiento a empresas, salud y educación.

El comercio global de SBC moviliza alrededor de dos mil millones de millones de dólares (2.000.000.000.000.000), una cifra superior al intercambio mundial de alimentos, minerales, acero, textiles o combustibles. Esta realidad tiene lugar en el marco de un proceso de cambio acelerado con nuevos paradigmas de producción y consumo, a partir del cual muchas actividades productivas de carácter más tradicional están siendo forzadas a reconvertirse.

En este escenario, el rol de los SBC se torna fundamental, ya que pueden penetrar estos procesos productivos y ofrecer capacidades de innovación imposibles de imaginar hasta hace un tiempo atrás. Asimismo, los SBC pueden generar muy buenos aportes al bienestar general de la población ya que son grandes demandantes de empleo calificado, tienen mayor calidad laboral y salarios por encima del promedio general de la economía.

Me permito una primera pregunta. ¿Es Argentina un país que participa de manera relevante en el mundo? Sin dudas es un rubro clave de la inserción internacional de nuestro país. Las ventas externas de estos servicios marcaron en 2017 un máximo histórico de u$s 6,2 mil millones (8,8% de las exportaciones totales de Argentina), con un superávit superior a u$s 550 millones y se ubicaron entre los principales complejos exportadores después del sojero y el cerealero.

Reconocer el significado de estos datos y la velocidad de estas transformaciones —y la importancia de los SBC— abre muy buenas oportunidades para el país. Argentina tiene amplias condiciones para modificar su matriz productiva a través de la tecnología, la innovación y la expansión del conocimiento, y sus iniciativas hasta aquí así lo indican. Pero muchos actores se preguntan si esta es una actividad concentrada en la ciudad de Buenos Aires solamente. La respuesta es no.

Existen en el país 36 núcleos productivos tecnológicos y del conocimiento con diferente grado de maduración y tamaño. Sin dudas el principal corresponde al AMBA (área metropolitana de Buenos Aires), que concentra dos tercios de la actividad local, sea medida por su facturación o el empleo. También la provincia de Córdoba concentra una cantidad importante de empleo y exportaciones, dado que ha realizado un sostenido esfuerzo por posicionarse en la materia, teniendo hoy en su seno numerosas empresas internacionales y nacionales de diferente porte, que en su conjunto les ha permitido tener una gran participación en la economía del conocimiento y cierto posicionamiento en el mercado mundial.

Pero además de estas dos, existen cinco conglomerados regionales que están en condiciones de entrar a dicho grupo de líderes en la economía del conocimiento a escala mundial. Y compiten entre sí por la atracción del talento y la inversión. Rosario, el eje Santa Fe-Paraná, Tucumán, el eje Mar del Plata-Tandil y finalmente Mendoza tienen condiciones para poder pasar a esta otra categoría. Y luego tenemos otros 29 núcleos productivos tecnológicos de mayor o menor tamaño distribuidos en prácticamente todas las provincias argentinas, consolidados y crecientes.

¿Y cuál sería la ventaja de desarrollar SBC en nuestro país? ¿Sueldos bajos y mano de obra de baja calificación disponible? Por supuesto que ninguna de las dos interrogaciones. A nuestro entender, Argentina tiene una serie de ventajas que le permiten competir globalmente, donde la creatividad y el talento de nuestra gente se destacan por encima de otras. Recientemente el portal educativo mundial Courcera catalogó a Argentina en el primer lugar en "tecnología", por la calidad de sus ingenieros de software (entre otros perfiles). Sin embargo, esta creatividad y talento están acompañados de otras ventajas, como ser:

- Sistema educativo masivo, sustentado en educación pública y privada, con universidades al alcance de la mayor cantidad de habitantes, que permite no solo tener calidad sino también cantidad de gente preparada.
- Calidad de vida superior a la de otros conglomerados productivos en el mundo.
- Un sistema público-privado-educativo muy activo.
- Instituciones científicas muy prestigiosas.
- Un huso horario compatible con la mayoría de los países donde se asienta la demanda.
- Ciertas acciones de políticas públicas en apoyo de la actividad.

La recientemente sancionada Ley de Economía del Conocimiento, legislación pensada en este nuevo paradigma económico, da continuidad –y amplía– los alcances de la anterior ley de software, que demostró en sus quince años de vigencia la importancia que este tipo de instrumentos tiene para el crecimiento de una actividad y la economía de una nación. Y esto es solo por mencionar una de entre muchas iniciativas públicas o semipúblicas en diferentes niveles de las administraciones (nacional, provincial o municipal) que han dado excelentes resultados, como los distritos, parques tecnológicos, líneas de créditos, planes de capacitación y apoyo en la búsqueda de nuevos mercados.

El desafío es ahora mantener y expandir estos avances y promover el surgimiento de nuevos nichos de especialización, con vínculos entre empresas, gobierno, universidades e instituciones del sistema científico-tecnológico para aprovechar las ventajas de aglomeración y favorecer la internacionalización de empresas. Argentina puede profundizar la diversificación de su estructura productiva y exportadora fortaleciendo los sectores con altos niveles de productividad que puedan generar derrames significativos al resto de la economía, y sobre la base de capacidades específicas y distintivas.

Esto supone, a su vez, abordar el compromiso de trabajar fuertemente en el campo educativo para desarrollar nuevas habilidades que permitan preparar a la población en las competencias que demandará esta nueva economía. Por lo tanto, hay que trabajar sobre aquellos aspectos que necesitan ser reforzados o que se muestran como menos desarrollados, de manera de poder competir por el talento y las inversiones con las mayores probabilidades de éxito.

A nuestro entender, estos aspectos pueden ser englobados en cinco áreas principales:

- La capacitación de los recursos humanos necesarios para el desarrollo de esta nueva economía.
- El fomento a la innovación a través de la vinculación con el sistema científico-tecnológico, y el fomento a los emprendimientos, especialmente los de alto impacto.
- La inserción de la tecnología en las cadenas productivas tradicionales (embeber conocimiento).

- La inserción en nuevos mercados y la atracción de inversiones.
- El desarrollo regional y el apoyo a las pymes.

Y si, como vemos, el mundo demanda este tipo de recursos y Argentina tiene algunas ventajas comparativas (incluidos los 44.000.000 de habitantes, que en su gran mayoría fueron o van a escuelas gratuitas) nos preguntamos: ¿de qué depende que podamos crecer y recibir más beneficios de esta economía del conocimiento? La respuesta es simple: que nuestros dirigentes políticos y empresarios tengan una mirada de mediano plazo y mantengan políticas públicas y semipúblicas a través del tiempo y no atadas a aspectos coyunturales. Y de que nuestro sistema educativo no le tenga miedo a innovar y preparar a nuestra gente para las profesiones que son (o serán) requeridas.

Pero hemos hablado de los SBC y la economía del conocimiento y tal vez es necesario dar una mirada un poco más intensiva a ellos. Como dijimos, los SBC son aquellas actividades que usan alta tecnología y/o tienen una fuerza laboral altamente calificada que les permite beneficiarse de las innovaciones tecnológicas. Los datos que se presentan a continuación se basan en información estadísticas de fuentes oficiales nacionales y organismos multilaterales, con datos armonizados entre países para los estudios comparados de rigor.

Si bien existen distintas agrupaciones válidas para definir el sector SBC, a los fines de este documento se incluyen en la taxonomía los rubros indicados en la Tabla 1.

En los siguientes gráficos se ilustran las principales tendencias del intercambio mundial de bienes y servicios donde claramente se nota el crecimiento de unos sobre otros y el incremento que tienen los servicios en el comercio internacional. En el Gráfico 1 se aprecia que el comercio de servicios en términos generales está siendo bastante más dinámico que el de bienes, principalmente en los últimos años; mientras que en el Gráfico 2 se advierte que los servicios tradicionales están perdiendo posiciones en el comercio total de servicios.

Tabla 1

Tipo de servicios basados en el conocimiento.

Servicios jurídicos, contables, consultoría de gestión y servicios gerenciales	Servicios empresariales, profesionales, científicos y técnicos
Servicios de publicidad, estudios de mercado y encuestas de opinión	
Servicios de investigación y desarrollo	
Servicios de arquitectura, ingeniería y otros servicios técnicos	
Otros servicios empresariales	
Software y servicios informáticos	
Servicios audiovisuales, publicitarios y conexos	
Regalías y derechos de licencia	

Fuente: elaboración propia.

Gráfico 1

Comercio internacional de bienes y servicios.

Números índices, 2005=100.

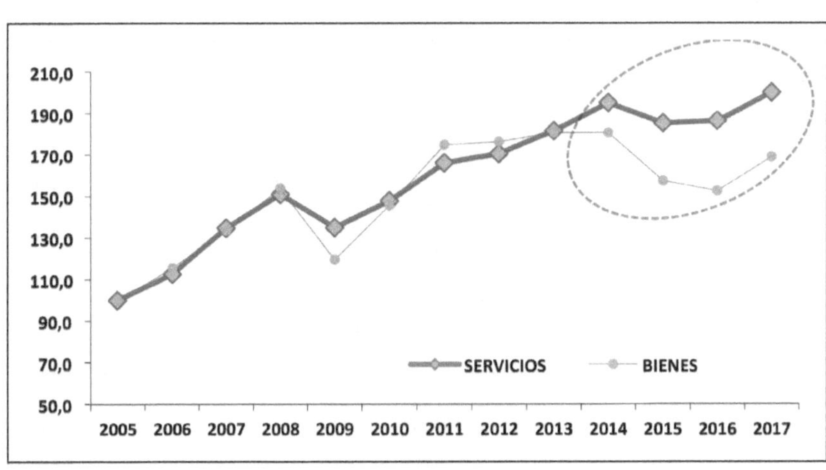

Fuente: elaboración propia basada en datos de la UNCTAD.

Gráfico 2
Composición del comercio mundial de servicios. Grandes rubros.

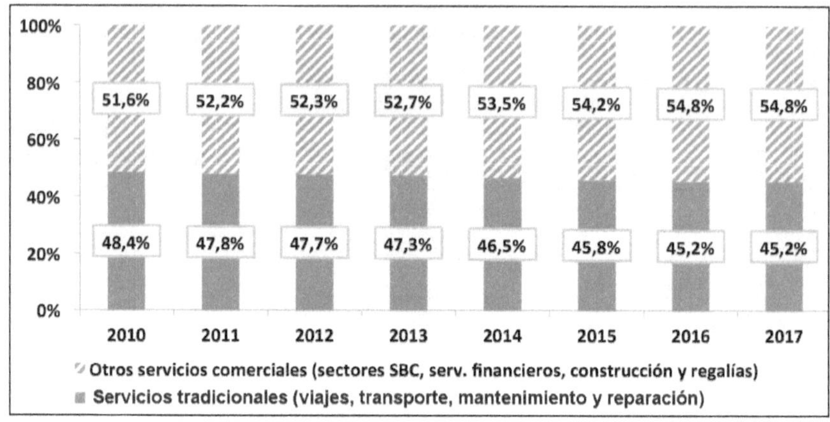

Fuente: elaboración propia basada en datos de la UNCTAD.

En efecto, tal como se advierte en la Tabla 2, los SBC han sido mucho más dinámicos a nivel mundial que los servicios tradicionales, más que duplicando el crecimiento promedio de viajes, transporte y otros servicios tradicionales.

Tabla 2
Exportaciones mundiales de SBC y servicios tradicionales.
Valores en millones de dólares y variación en porcentaje (2010-2017).

	2010	2017	Variación
SBC	1.280.149	2.001.282	56,3
• Servicios técnicos y científicos [*]	431.390	596.159	38,2
• Servicios de consultoría profesional y de gestión [**]	269.949	430.266	59,4

[*] Incluye: arquitectura, ingeniería, servicios de minería/agricultura, de tratamiento residuos y arrendamiento.

[**] Incluye: servicios contables, legales, publicidad e investigación de mercado.

Tabla 2 (Continuación)

• Servicios informáticos	214.794	381.612	77,7
• Cargos por uso de la propiedad intelectual	234.460	380.580	62,3
	2010	**2017**	**Variación**
• I+D	92.901	160.570	72, 8
• Servicios de información	16.392	30.358	85,2
• Servicios audiovisuales	20.263	22.091	9,0
SERVICIOS TRADICIONALES	**1.924.613**	**2.424.845**	**26,0**
• Viajes	960.213	1.309.537	36,4
• Transporte	826.896	931.451	12,6
• Mantenimiento y reparación	137.504	183.857	33,7
OTROS SERVICIOS COMERCIALES***	**618.514**	**853.628**	**38,0**
TOTAL SERVICIOS COMERCIALES	**3.823.276**	**5.279.755**	**38,1**

*** Incluye: construcción, seguros, servicios financieros y telecomunicaciones.

Fuente: elaboración propia basada en datos de la OMC.

Como resultado de estas tendencias, se observa un mayor peso de las exportaciones de servicios no tradicionales en relación con las ventas externas de bienes. Irlanda, Israel, Filipinas, Costa Rica, Singapur y Reino Unido son algunas de las economías que más incrementaron estos ratios entre 2005 y 2017. Argentina, por su parte, obtuvo un ratio del 12% en el último año ubicándose en el ranking muy cerca de Canadá y, en la región, por encima de Brasil, Chile, Perú y Colombia, pero detrás de Uruguay y Costa Rica (ver Gráfico 3).

Gráfico 3
Peso de las exportaciones de servicios no tradicionales en comparación con las ventas externas de bienes.

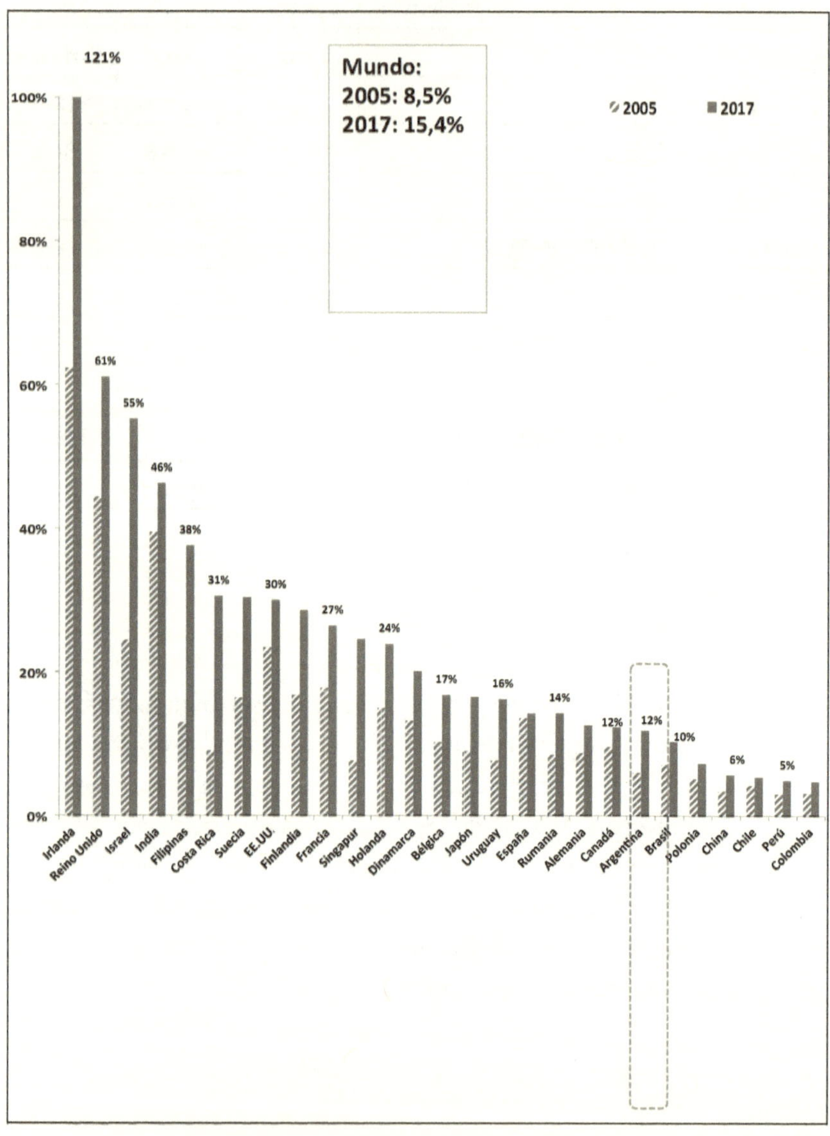

Fuente: elaboración propia basada en datos de la UNCTAD.

Esto responde a varios factores: por un lado, al avance de los procesos de *offshoring*, a través de los cuales grandes empresas –generalmente de países desarrollados– deciden fragmentar y trasladar parte de sus procesos productivos hacia nuevas localizaciones que ofrecen ciertas ventajas comparativas. Y si bien una motivación importante de estas decisiones de inversión suele asociarse a la búsqueda de reducir costos, también aparecen otros factores relevantes como la necesidad de lograr mayor eficiencia, acelerar la llegada a un mercado específico, cubrir necesidades de empleo calificado; o bien, concentrar las actividades en el *core business* de la compañía y tercerizar ciertos servicios en empresas especializadas (*outsourcing*).

Por otra parte, y entre otros factores determinantes, está la globalización del comercio y los avances en las TIC[1] que aumentan la transabilidad de servicios, los cambios de los patrones sociales y de consumo que permiten nuevos negocios, el avance de las redes de comunicación, el crecimiento de la población y de la esperanza de vida que incrementan la demanda por servicios de salud, educación y cultura.

En este contexto se desarrollan las cadenas globales de valor a partir de sectores industriales que tercerizan y relocalizan servicios (antes servicios *in house*), y también desde los propios procesos de fragmentación productiva dentro de las empresas de servicios. Dentro de este marco, Estados Unidos y Europa son los principales jugadores en el mercado de *offshoring* de servicios. Por el lado de los vendedores, India y China son los actores más destacados en la provisión de estos servicios –luego siguen otros países de Asia –Singapur, Filipinas e Israel–, de América Latina –principalmente Brasil por su gran tamaño de mercado–, luego Argentina, Costa Rica y Uruguay, y países del Este de Europa –Polonia, Hungría y Rumania–[2].

---

1 Tecnologías de la Información y las Comunicaciones.

2 Entre las naciones más adelantadas se destaca Irlanda, pero en realidad es un mercado diferente, ya que se desarrolla con escasa producción local de servicios globales y se caracteriza por la radicación de grandes compañías que suelen triangular operaciones desde otras plazas para aprovechar las ventajas impositivas que ofrece el país.

Tabla 3
Principales exportadores de SBC en 2017.
Puesto en el ranking mundial y valores en millones de dólares.

	Servicios empresariales			Informática y telecomunicaciones			Personales, culturales y recreativos	
1	EE.UU.	149.377	1	Irlanda	85.159	1	Reino Unido	3.997
2	Reino Unido	109.102	2	India	54.863	2	Malta	3.947
3	Alemania	86.709	3	USA	38.936	3	Francia	3.946
4	Francia	78.371	4	Alemania	36.782	4	Luxemburgo	3.352
5	Holanda	63.554	5	China	27.767	5	Alemania	3.298
6	China	61.538	6	Reino Unido	25.589	6	Canadá	2.089
7	India	58.968	7	Holanda	25.065	7	Holanda	1.538
8	Bélgica	43.871	8	Francia	18.311	8	Turquía	1.499
9	Singapur	41.012	9	Suecia	14.305	9	India	1.466
10	Irlanda	40.821	10	Suiza	13.193	10	Bélgica	1.193
19	Brasil	17.084	12	España	12.629	13	Singapur	857
20	Filipinas	16.874	13	Israel	11.655	14	Hungría	847
21	Israel	16.518	14	Singapur	11.309	16	China	759
23	Polonia	13.242	17	Canadá	7.805	17	Polonia	731
32	Hungría	5.334	20	Polonia	6.403	27	Brasil	313
36	Rumania	4.739	25	Rumania	4.481	29	Argentina	282
37	Argentina	4.254	27	República Checa	3.821	30	Irlanda	280
39	Costa Rica	3.099	34	Brasil	2.186	39	República Checa	165
40	Chile	2.312	37	Argentina	1.892	43	Colombia	118
53	Uruguay	1.032	42	Costa Rica	1.241	51	Uruguay	63
54	Colombia	992	62	Uruguay	378	62	Chile	30
98	México	25	63	Chile	376	65	Ecuador	20

Fuente: elaboración propia basada en datos de la OMC.

Las actividades de *offshoring* de servicios pueden agruparse en cuatro segmentos horizontales:

- **Information Technology Outsourcing** (ITO)
  Tercerización de tecnologías de la información.
- **Business Process Outsourcing** (BPO)
  Tercerización de procesos de negocios.
- **Knowledge Process Outsourcing** (KPO)
  Tercerización de procesos de conocimiento.
- **Innovation Process Outsourcing** (IPO)
  Tercerización de procesos de innovación.

También existen mercados verticales que proveen servicios específicos por industria o sector de actividad. Según el nivel de complejidad e intensidad del conocimiento aplicado, los segmentos ITO y BPO podrían representar las gamas básicas-intermedias de estos servicios; en tanto que KPO e IPO, los niveles más altos. Estos últimos incluyen la tercerización de procesos de alto valor agregado, como servicios de consultoría y análisis de negocios, inteligencia de mercado, servicios legales, I+D y desarrollo de productos, los que requieren habilidades analíticas y técnicas avanzadas así como un alto grado de especialización en la actividad.

Los mercados ITO y BPO suelen concentrarse en países con buena disponibilidad de mano de obra y bajos costos laborales (India y Filipinas, por ejemplo). La estandarización global de plataformas y sistemas operativos ha favorecido el surgimiento de estos modelos de negocios, los que también se han concentrado con intensidad en los últimos años.

Recientemente, grandes compañías a nivel mundial han impulsado procesos estratégicos de fusiones o alianzas para alcanzar un mayor grado de especialización y mejorar sus niveles de competitividad. De este modo, están migrando hacia actividades de mayor intensidad de conocimiento, con un corrimiento hacia el segmento KPO/IPO. Esto es lo que está ocurriendo, por ejemplo, con algunas firmas indias que antes ofrecían servicios más elementales y estandarizados de ITO o BPO, y ahora comienzan a orientarse hacia actividades más complejas dada la mayor experiencia de sus profesionales donde el bajo costo del servicio ya no es un factor clave.

El desarrollo de segmentos KPO/IPO tiene ciertas ventajas frente a otros mercados de *offshoring*. Generan empleos de mayor calidad, calificación y remuneración relativa, y al requerir de una mayor interacción cliente-proveedor proporcionan mejores oportunidades para la transferencia de conocimiento hacia los países donde se llevan adelante. Asimismo, al demandar trabajo especializado, es posible que se generen mayores derrames de conocimiento vía movilidad del capital humano (Andrés López *et al.*, 2013).

En esta nueva economía global, los bienes físicos tienen cada vez más servicios incorporados. Esto es lo que se conoce como −servificación− de la economía; proceso a través del cual las empresas añaden valor a los bienes que producen mediante la incorporación de servicios especializados.

De este modo, las empresas complementan o incluso sustituyen su producción de bienes con servicios para incrementar su competitividad (Crozet y Milet, 2015), ofrecer productos diferenciados, mejorar su rentabilidad y/o reducir su exposición ante turbulencias macroeconómicas, ya que el comercio de servicios es más resiliente que el de bienes.

De acuerdo con datos de la OCDE, aproximadamente el 35% del valor de las exportaciones mundiales de manufacturas corresponde a los servicios incorporados, en tanto que en los productos agropecuarios representan casi la cuarta parte de dicho valor (Rozemberg y Gayá, 2015). Por ejemplo, industrias tradicionales, como la automotriz o la minería, están hoy muy vinculadas a empresas de servicios de alta tecnología que les permiten mejorar o reconvertir sus procesos productivos o de explotación.

Por otra parte, el avance tecnológico en muchos casos está borrando los límites entre bienes y servicios, transformando la producción física en intangible. Por ejemplo, la comercialización por Internet de libros digitales, música o películas ha desmaterializado los objetos, reemplazando un comercio de bienes por otro de servicios.

En definitiva, los bienes y servicios están cada vez más integrados en esta nueva economía, una economía global con inéditas corrientes comerciales donde el conocimiento y la tecnología son factores determinantes.

Argentina en el mapa

Argentina ha seguido las tendencias internacionales en materia de SBC. Los siguientes gráficos señalan el mayor dinamismo de las exportaciones de SBC en comparación con las colocaciones de servicios tradicionales y las ventas externas de bienes. De este modo, los SBC vienen incrementando su participación en el comercio total de bienes y servicios del país.

Gráfico 4

Exportaciones argentinas de SBC, servicios tradicionales[3] y bienes.

Números índices, 2006=100.

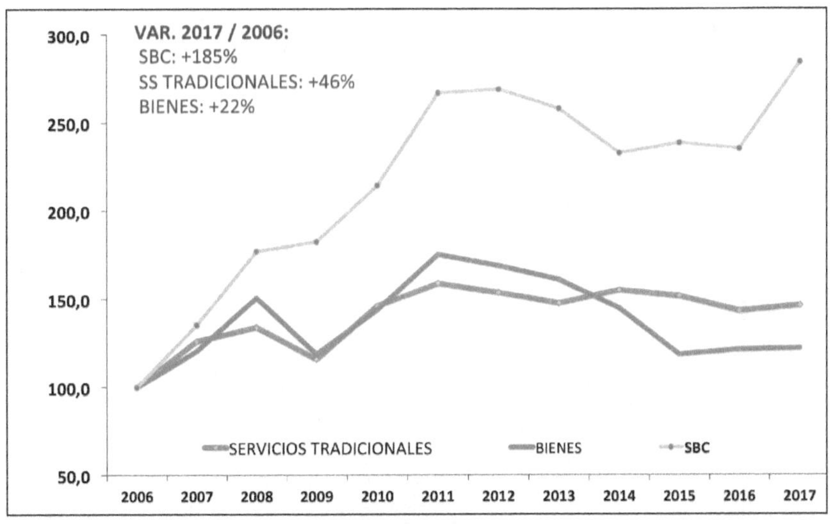

Fuente: elaboración propia basada en datos del INDEC (balance de pagos).

---

3   Incluye: transporte, viajes y servicios de mantenimiento y reparación.

Gráfico 5
**Peso de las exportaciones de SBC en el comercio total de bienes
y servicios de Argentina.**

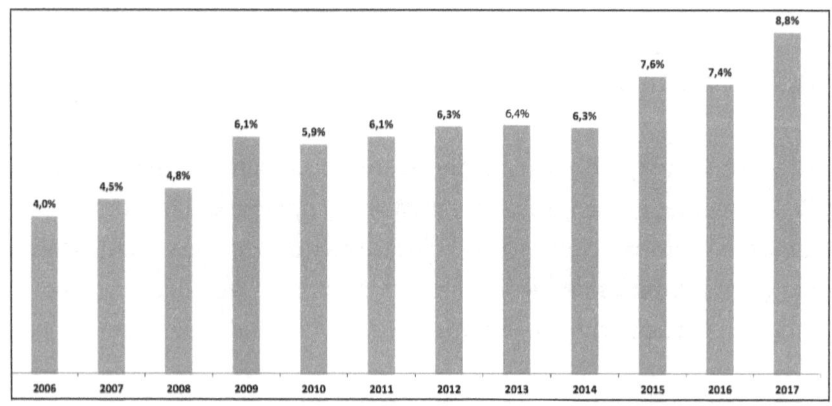

Fuente: elaboración propia basada en datos del INDEC (balance de pagos).

El sector SBC se consolida como uno de los rubros centrales en la inserción internacional de Argentina.

Gráfico 6
Evolución del comercio exterior de SBC de Argentina.
Valores en millones de dólares. Período 2006-2017.

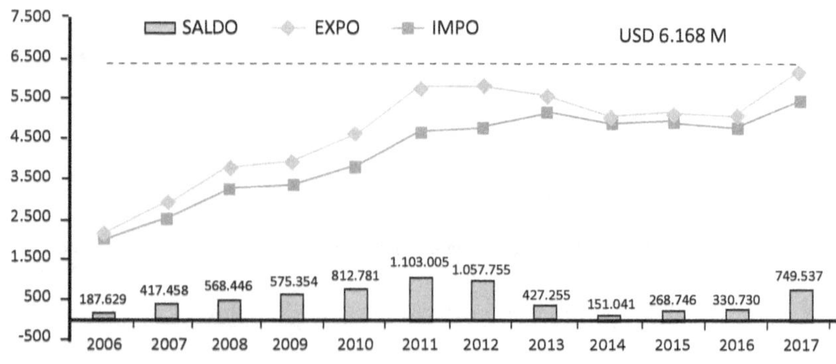

Fuente: elaboración propia basada en datos del INDEC (balance de pagos).

En 2017, estas exportaciones marcaron un nuevo récord histórico de 6.168 millones de dólares, y solo fueron superadas por las ventas externas de soja y cereales. Los servicios jurídicos, contables y de consultoría son el principal rubro de exportación de SBC, representan casi 30%; luego siguen los servicios informáticos (27,5%); publicidad (7,3%), I+D (4,8%), arquitectura e ingeniería (4,0%) y audiovisuales (3,7%).

Gráfico 7
Composición de las exportaciones SBC por rubros (2017).

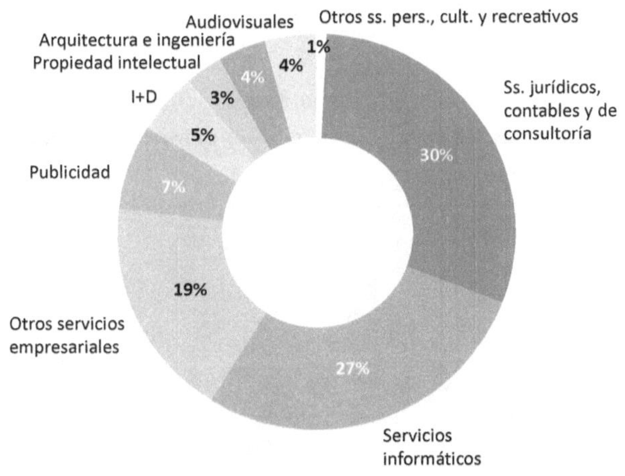

Fuente: elaboración propia basada en datos del INDEC (balance de pagos).

De esta manera, Argentina se ubicó en el puesto 38 como exportador de SBC en el mundo y del segundo en América Latina, después de Brasil. Estados Unidos es nuestro principal comprador, seguido por países de la Unión Europea —España, Bélgica, Reino Unido, Alemania— y América Latina —Chile, México, Uruguay, Brasil, Colombia— (OEC, 2017).

Sin embargo, nuestros SBC aún tienen poca presencia en el Mercosur debido a que durante muchos años existió una importante traba a las operaciones por la doble imposición que se aplicaba al comercio entre Argentina y Brasil. Estas dificultades fueron generadas en el marco de un acuerdo firmado entre las partes en 1980, cuando la prestación de servicios no existía y parecía remota, con cláusulas poco favorables para Argentina en cuanto al mecanismo consignado para evitar la doble tributación.

En este sentido, cabe señalar y destacar la reciente aprobación de la enmienda que modifica este acuerdo, a partir de la cual los exportadores argentinos de SBC podrán descontar del impuesto a las ganancias entre el 10 y 15% de la retención aplicada por Brasil en concepto de ese mismo impuesto. Se espera que la reciente entrada en vigor (enero de 2019) facilite la inserción de nuestros SBC en este destino; un mercado estratégico para Argentina teniendo en cuenta que Brasil es un importador neto de estos servicios y los adquiere por valores superiores a los 13 mil millones de dólares al año.

Gráfico 8
Evolución de las exportaciones de los principales rubros SBC.
Valores en millones de dólares, crecimiento 2006-2017.

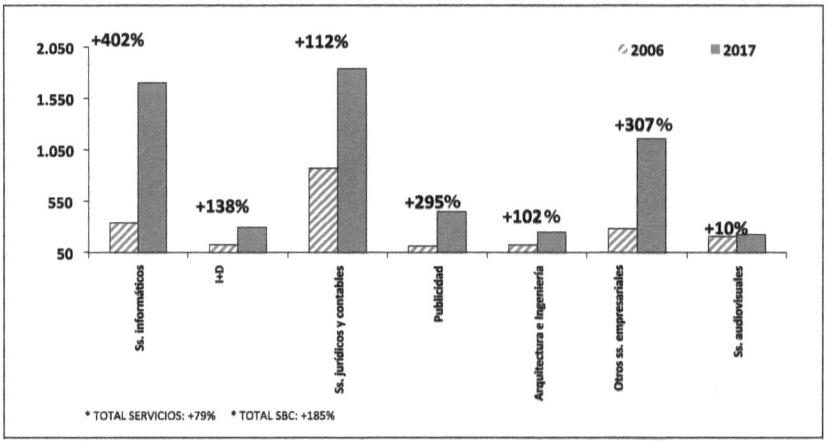

Fuente: elaboración propia en base a datos INDEC (balance de pagos).
El dinamismo de las exportaciones SBC es generalizado en todos los rubros.

El Gráfico 8 muestra la evolución comparada entre 2006 y 2017, destacando los fuertes incrementos en actividades como servicios informáticos (+402%), otros servicios empresariales (+307%) y publicidad (+295%). En este período, el crecimiento general de los SBC fue 185%, mientras que todo el bloque de servicios aumentó 79%.

Con respecto a los saldos comerciales, el sector mantiene 12 años consecutivos de superávit. En 2017, el balance general de los SBC fue de 750 millones de dólares, el mayor superávit comercial del sector desde 2012. Servicios informáticos, jurídicos, contables, publicidad, I+D, arquitectura, ingeniería y otros servicios empresariales son los rubros con balances positivos; mientras que los segmentos deficitarios son cargos por uso de la propiedad intelectual, servicios audiovisuales y otros servicios personales, culturales y recreativos.

Gráfico 9
Rubros SBC superavitarios y deficitarios en el comercio exterior.
Saldos en millones de dólares. Evolución 2006-2017.

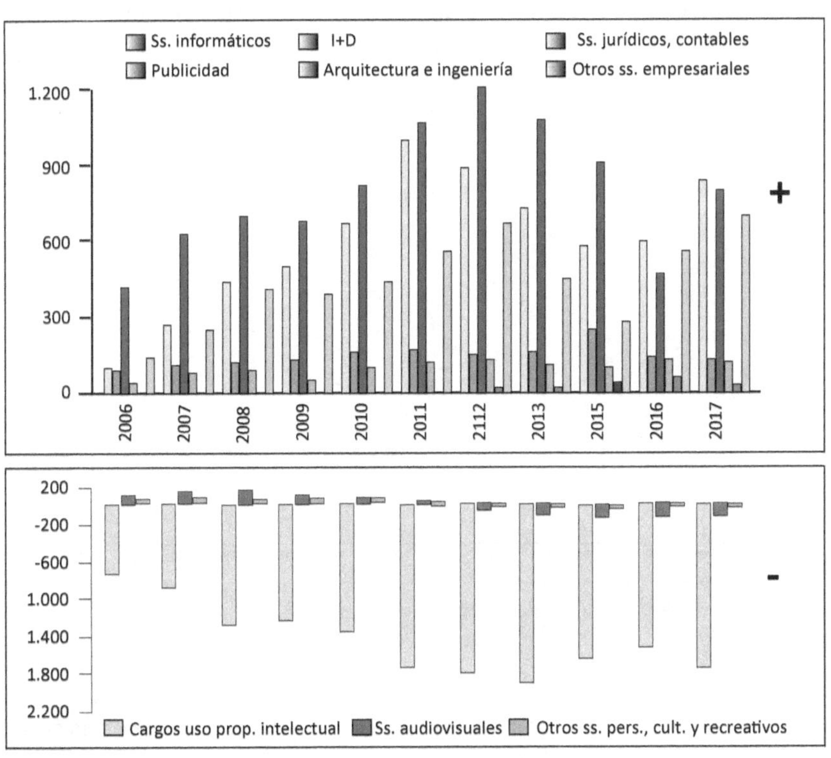

Fuente: elaboración propia basada en datos del INDEC (balance de pagos).

La positiva evolución de estas actividades se refleja también en los indicadores de empleo. En Argentina hay más de 430.000 empleos directos registrados en firmas SBC, y cerca del 25% de esos puestos están directamente relacionados con las exportaciones. Al considerar también a los autónomos, empresarios y trabajadores informales, alrededor de 1,2 millones de personas trabajan en actividades de SBC en el país (OEC, julio de 2018).

El empleo en los sectores SBC creció más rápido que en otras actividades y la participación de estas actividades en el total de empleo privado formal pasó de 5,4% en 2003 a 6,5% en 2017.

Gráfico 10

Evolución comparada del empleo privado registrado en Argentina.

SBC, servicios tradicionales y actividades industriales. Índices 2003=100.

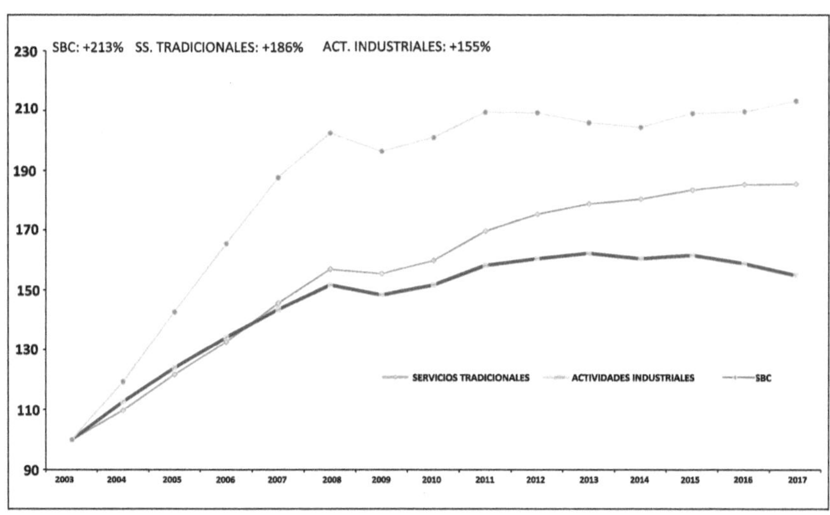

Fuente: elaboración propia basada en datos de OEDE –MTEYSS.

Los empleos en los sectores SBC contrastan con los de otras actividades debido a sus habilidades, formalidad y mejores remuneraciones.

El salario promedio del sector se ubica 6,6% por encima del promedio nacional, y en casos destacados como servicios informáticos un 35% por arriba (OEC, julio de 2018).

El impacto de la publicidad

Hemos dicho que la creatividad y el talento son unas de las características principales que tiene la oferta argentina en materia de la economía del conocimiento. Y es sabido que la publicidad y sus servicios conexos son unas de las mejores expresiones más claras de estos conceptos.

Durante años la publicidad argentina ha sido distinguida con numerosos premios y reconocimiento mundiales, estando por más de veinte años entre los primeros 10 países del mundo en cantidad de estas distinciones globales. Desde el año 2006 al 2017, las exportaciones por todo concepto en materia de publicidad crecieron un 295%, muy por encima de la media de 185% del resto de las actividades SBC. Para el mismo período, las exportaciones argentinas de bienes decrecieron significativamente, en especial las de origen industrial. Esto muestra el dinamismo del sector y la potencialidad que presenta de cara al futuro.

Sin embargo, los valores absolutos (120 millones de dólares) aún son bajos para lo que entendemos que podría producir el sector. En este sentido, la reducción del mercado local (y lo limitado de su poder de desarrollo), la falta de competitividad estructural de nuestra economía (por tener un tipo de cambio atrasado en ciertos períodos), algunas políticas que no incentivaron el desarrollo sectorial, la ausencia de crédito a tasas para inversión y fundamentalmente el cambio en los paradigmas que regulan globalmente el sector, no han permitido que se desenvuelva al ritmo que podríamos esperar.

La globalización de la publicidad, las múltiples plataformas, la transmedia y las reglas fijadas por los grandes jugadores a nivel mundial son desafíos, pero a su vez oportunidades. Una industria sustentable debe basarse en ver el mercado mundial como la oportunidad. Un mix de ingresos que contengan una adecuada cobertura del mercado local (y que permita reducir la erogación de publicidades producidas en el exterior), más un mercado de exportación creciente debería ser la meta del sector, de manera de asegurar empresas competitivas y sustentables, un ingreso de divisas relevante y una tasa de empleo acorde con las capacidades de nuestra producción.

Capacidad, talento y trayectoria no nos faltan. Instrumentos de políticas parece que tampoco (a juzgar por las últimas novedades). Y empresas y entidades empresarias, como Interact, que las aglutinen tampoco. Es cuestión entonces de enfrentar los desafíos e ir ganando mercados y segmentos en los próximos años para lograr los resultados que todos estamos seguros que son alcanzables.

¿Será que tenemos la capacidad de pensar (y mantener) políticas de mediano y largo plazo? ¿Será que encontraremos los mecanismos de financiamiento genuinos que mejoren el balance del mercado de capitales y el acceso al crédito que apalanquen el crecimiento? ¿Será que podremos interactuar con el sistema educativo para que nuestros jóvenes se capaciten en habilidades digitales compatibles con la EdC? ¿Será que encontraremos en los SBC otro yacimiento como Vaca Muerta para nuestra economía?

Yo soy optimista y creo que estas cosas van a suceder.

CAPÍTULO 8

¿*Autenticidad o performance?*

Por Paula Sibilia.

Ensayista e investigadora argentina que vive en Río de Janeiro, se dedica al estudio de varios temas culturales contemporáneos desde la perspectiva genealógica, particularmente considerando las relaciones entre cuerpos, subjetividades, tecnologías y medios o manifestaciones artísticas. Graduada en Comunicación y Antropología en la Universidad de Buenos Aires, también realizó una maestría en Comunicación (UFF), un doctorado en Salud Pública (IMS-UERJ) y en Comunicación y Cultura (ECO-UFRJ). Desde 2006 es profesora en el Departamento de Estudios Culturales y Medios, así como en el Programa de Posgrado en Comunicación de la Universidad Federal Fluminense (UFF). Su trabajo cuenta con el apoyo de las agencias CNPq (Research Productivity Scholarship *since* 2009) y FAPERJ (Young Scientist Program of Our State, 2010-2016; Scientist of Our State, 2018-2020). Además, en 2012, completó un posdoctorado anual en la Université Paris VIII, en Francia, con una beca CAPES.

El mundo es un gran teatro.

William Shakespeare.

Tal vez el mundo sea un escenario, pero el elenco es un horror.

Oscar Wilde.

Las construcciones de sí mismo como un personaje realista

Durante la segunda década del siglo XXI se ha operado una importante metamorfosis en las sociedades globalizadas: a toda velocidad y con una eficacia inusitada nos hemos vuelto compatibles con los dispositivos móviles de comunicación e información. Si bien todavía insistimos en llamarlos teléfonos, se trata de computadoras portátiles para uso individual, equipadas con pantallas, cámaras y acceso sin pausa a las redes informáticas. Con la expansión concomitante de la conexión wifi en todo momento y en cualquier lugar, una de las características más asombrosas de los modos de vida que estos aparatos propician es una ausencia de límites en lo que se refiere a los usos del tiempo y del espacio, ya que los celulares funcionan –y nos hacen funcionar– en todo momento y en cualquier lugar. Entre los múltiples y crecientes usos que de ellos hacemos, se destacan los contactos a través de las redes sociales como Facebook, Twitter, Youtube, Whatsapp, Tinder e Instagram. Por medio de esos canales se practica un mutuo monitoreo constante, además de satisfacer los ávidos deseos de mostrarse para obtener repercusión, proporcionando la ilusión de compañía constante. Todo esto forma parte de lo que viene denominándose, ya hace más de medio siglo pero con una contundencia creciente, "la sociedad del espectáculo".

Muchos autores recurren a la expresión "performar" para referirse a eso que hacemos en las redes sociales de Internet. Pero, ¿qué es exactamente una *performance*? Aunque se haya popularizado en los últimos tiempos, la palabra sigue siendo escurridiza, repleta de ambigüedades y dobleces. En el campo de las artes, al menos, sabemos que se trata de un movimiento surgido en los años 70, que dio a luz un nuevo género artístico bautizado con ese nombre. ¿Pero en qué consiste exactamente? Aún en ese terreno más circunscripto, la definición está lejos de ser simple. En buena medida eso se debe a que el término fue inventado para abarcar todas aquellas manifestaciones híbridas que surgieron en aquella época y no lograban insertarse dentro de los cánones establecidos. La categoría de *performance* puede conjugar danza y teatro, poesía y música, artes visuales y sonoras, *happenings* y experimentaciones con las nuevas tecnologías digitales, la fotografía o el video. Entre las posibilidades casi infinitas que engloba esa denominación, cabe evocar algunas de las más usuales. Puede tratarse de una puesta en escena inesperada que interrumpe el flujo habitual del espacio público, por ejemplo, o bien de una breve *mise-en-es-cène* presentada en un café o en una discoteca, un espectáculo audiovisual montado o proyectado en una galería de arte, incluso (re)producido digitalmente en las pantallas de Internet. Como una tentativa de abordar el concepto sin dejar de abarcar esa multiplicidad que lo compone, podría afirmarse que una *performance* en el sentido artístico es un acto cualquiera –o, al menos, una enorme variedad de actos posibles– pero que, para poder ser categorizado como tal, debe ser efectuado por uno o varios artistas "performáticos". De modo que tendríamos, aquí, un primer ensayo de definición: se trata de una acción practicada por alguien que considera estar realizando una *performance* y cuyo público así lo vive.

En los últimos tiempos, sin embargo, el críptico vocablo ha transbordado ampliamente los límites de la esfera artística. A pesar del persistente extranjerismo de su sonoridad en territorios ibero-americanos, también aquí se ha convertido en una palabra-comodín que suele operar como una contraseña de época: un término capaz de impregnar todos los ámbitos con la rica ubiquidad de su polisemia. Así, hoy, cuando se habla de *performance*, puede hacerse referencia al desempeño profesional de una determinada persona, por ejemplo, aludiendo a la pericia capaz de rendirle una buena actuación en áreas como los negocios, los deportes o hasta la espectacularización de su vida cotidiana. De hecho, es en ese último y curioso campo donde ocurren algunas de las *performances* que despiertan más interés en el mundo contemporáneo.

Por todo eso, no suena fortuito que varios estudiosos del presente clima cultural se refieran a nuestra época como "la era de la *performance*", por tratarse de un momento histórico que registra presiones inéditas sobre los cuerpos y las subjetividades, instándolos a que mejoren constantemente su desempeño o su rendimiento en los dominios más diversos. En ese sentido, la *performance* constituiría "una nueva ideología", típica del momento actual, según admite el título del libro *La performance, une nouvelle ideologie?*, editado por el especialista en marketing Benoît Heilbrunn (2004). La competitividad regida por el mercado —una de las principales premisas que movilizan el mundo contemporáneo— parece inspirarse en los valores del atletismo al estimular la superación de los propios límites y una búsqueda de perfeccionamiento que no reconoce barreras para vencer a los demás, ya sea en el ambiente empresarial o en cualquier otro ámbito que hoy se aprecie bajo el signo del éxito.

En última instancia, esas fuerzas socioculturales, políticas y económicas que se descargan cotidianamente sobre los sujetos contemporáneos y los entrenan en el "culto a la *performance*", como lo denomina el sociólogo francés Alain Ehrenberg (1991), apuntan a consumar una exigencia primordial en lo que ahora se considera una buena *performance* existencial: ser feliz. Pero no se trata solo de lograr ese estado de ánimo tan deseado; es necesario, también y tal vez sobre todo, que esa felicidad sea visible y que los demás puedan verificarla con el poder legitimador de sus miradas. Parece crecer, en la peculiar atmósfera de la sociedad contemporánea, esa suerte de exigencia en la producción de un goce "performático" e inagotable como un horizonte de realización universal. En su ensayo sobre el creciente uso de productos farmacéuticos a que se recurre para estar a la altura de los veloces ritmos de la actualidad, Edvaldo Souza Couto (2009, p. 52) constata lo siguiente: "De nada sirve preservar químicamente la felicidad si esa sensación no es espectacularizada, vista y, sobre todo, admirada —a veces fuertemente envidiada— por los otros".

Exhibición al extremo

"Pienso en la vida como una obra de teatro maravillosa que yo misma escribí para mí y quiero divertirme mucho desempeñando mi papel", decía la actriz norteamericana Shirley MacLaine y permite introducir las siguientes líneas.

Dejando fluir las resonancias de las páginas anteriores, conviene retornar ahora al campo artístico, con el fin de analizar ciertas definiciones que circulan en ese terreno. Uno de los analistas más importantes de ese género es Richard Schechner, prof Pesor de artes dramáticas de la Universidad de Nueva York y autor de algunos libros que contribuyeron a fundar esa área de estudios, como *Performance Theory*, publicado originalmente en 1977, y *Performance Studies*, de 2002, ambos traducidos a varios idiomas y ampliamente citados cuando se trata de profundizar ese tipo de indagaciones. "En la vida cotidiana, 'performar' es ser exhibido al máximo, subrayando una acción para aquellos que miran", afirma este especialista en un artículo titulado, precisamente, "¿Qué es *performance*?", cuya versión inaugural fue publicada en el primero de los libros recién mencionados y, desde entonces, ha sido actualizada en diversas ocasiones. Así continúa el texto: "en el siglo XXI la gente ha vivido, como nunca antes, a través de la *performance*" (Schechner, 2003, p. 25).

El autor probablemente se refiera al hecho de que ese exhibicionismo, en los tiempos que corren, ha dejado de ser una extravagancia de unos pocos o un episodio aislado en el cual algunos podrían incurrir de vez en cuando, para volverse una estrategia habitual en la vida de cualquiera. Cabe señalar que ese tipo de actitud se consideraba de mal gusto en otras épocas, incluso no tan lejanas como podría suponerse: tiempos regidos por la discreción de la moral burguesa decimonónica, por ejemplo, que veían en tales entusiasmos una vergonzosa falta de decoro. A modo de ilustración, cabe evocar lo que sucedió en 1900, cuando el político y escritor brasileño Joaquim Nabuco publicó su libro de memorias con el título *Mi formación*, siguiendo los moldes del clásico relato autobiográfico ejemplar. Los recatos de aquella época impidieron una buena recepción de la obra, aunque el autor lógicamente había evitado los personalismos confesionales que hoy abundan y que en aquel entonces habrían sido impensables. Sucede que en aquella época no se juzgaba atinado escribir "todo un libro acerca de sí mismo" (Jaguaribe, 1994, p. 25). Gestos de ese tipo se consideraban vulgares y de pésimo gusto. Según el análisis de la investigadora brasileña Beatriz Jaguaribe, sobre todo en la "alta sociedad" del siglo XIX y principios del XX, esa construcción de la imagen de un "yo triunfante" denotaba un imperdonable atentado al pudor. Por supuesto, eso no ocurría solamente en la retraída América Latina y, en este sentido, las ejemplificaciones posibles son incontables. Una de ellas viene de la mano de Marcel Proust: cuando el novelista francés aludía a su refinada tía abuela en un ensayo de 1905, por ejemplo, cuenta que "ella rechazaba con horror que se pusieran condimentos en platos que no lo exigían, que se tocase el piano con afectación y abuso de pedales, que al recibir invitados se huyese de la perfecta naturalidad y que se hablase de sí mismo con exageración" (Proust, 2003, p. 13).

Ahora, sin embargo, todos esos pruritos suenan anticuados. La autopromoción ha perdido gran parte de sus connotaciones negativas para convertirse en un gesto cada vez más común, con su vieja carga peyorativa en franca disminución. De hecho, en una época dominada por la cultura mediática, cualquier vida genera una cantidad creciente de imágenes y relatos inspirados en esa lógica. Además, esa "vida común" tiende a realizarse en las imágenes: gana consistencia al producirse con ayuda de los códigos mediáticos y al plasmarse en las pantallas que se multiplican por todas partes. Con una historia que contempla poco más que un par de décadas, tanto las redes sociales de Internet como los *reality-shows* de la televisión constituyen géneros paradigmáticos en ese sentido. Más que un formato mediático, como afirma André Brasil (2011, p. 2), esas instancias de autoexposición "componen actualmente una lógica (y una logística), basada en la indeterminación entre vida real (el ámbito del ordinario) y ficción (la teledramaturgia)".

Ese desborde y esa indistinción no dejan de expandirse. Por eso, en muchas manifestaciones mediáticas y artísticas recientes no se trata solamente de representación sino también de *performance*. Como aclara el investigador brasileño recién citado: en esos casos, se crea una situación en la cual "no solo se figuran, sino que se efectúan procesos de subjetivación" (Brasil, 2011, p. 2). Es lo que ocurre en películas producidas entre fines del siglo XX y principios del XXI, como *Tarnation* o *Los rubios*, por ejemplo, cuya materia prima está formada por registros del propio cineasta que hasta hace poco se habrían considerado "privados". También es el caso de obras fílmicas como *Pacific* o *La vida en un día*, enteramente realizados con filmaciones caseras de gente otrora anónima. En la misma tendencia se incluyen iniciativas como las que proponen diversos sitios de Internet, tales como *Meureality.com* o *The interview project*, y experiencias artísticas como *Public isolation project*, *One day in the life of...* o *The nu project*, por mencionar tan solo algunos ejemplos casi aleatorios entre los muchísimos disponibles. Más allá de su dimensión representacional, habría una dimensión "performativa" que hoy se destaca en ese tipo de producciones: con el ambiguo realismo que también prolifera hoy en día, se convoca a la "vida común" para que "performe" en escena.

En esas creaciones tan contemporáneas, eso es lo que sucede: se invita a la "vida real" a que participe, interactúe, opine, juzgue y colabore de los modos más diversos. En particular, se le solicita que se muestre para las cámaras y en las pantallas. Más allá de eso que sucede en las manifestaciones artísticas y mediáticas, la vida cotidiana se contagia de ese *modus operandi* y ella también se espectaculariza, incluso en las —cada vez más escasas— situaciones en que las cámaras no están presentes. En palabras de Schechner (2003, p. 49): "más y más personas experimentan sus vidas como secuencias de *performances* conectadas". La familiaridad actual con los medios de comunicación, sobre todo los audiovisuales e interactivos, ayuda a intensificar ese fenómeno. Esa impresión de que "la *performance* está en todas partes", según el mismo autor estadounidense, "es enfatizada por el ambiente cada vez más mediatizado en que vivimos". Ese uso de técnicas teatrales y comportamientos coreografiados se verificaría en la cotidianeidad de cualquiera, incluso en las ocasiones más triviales: "Vestirse para una fiesta, ser entrevistado para un empleo, jugar con papeles masculinos y femeninos y con la propia orientación sexual, vivir papeles de la vida personal como los de madre e hijo, o de la vida profesional, como los de médico o profesor".

Si vivir se asemeja a actuar o a ponerse en escena, si "ser alguien" equivale a interpretar un personaje y si la vida tiende a parecerse cada vez más a una narración mediática, eso ocurre porque solemos subrayar nuestros gestos y acciones "para los que miran", retomando las palabras de Schechner antes citadas. Es decir: como si estuviésemos, todo el tiempo, haciendo *performances*. Pues se trata de "comportamientos marcados, enmarcados o acentuados", como aclara también el mismo autor. Sin embargo, si los modos de vida contemporáneos llevan a los sujetos a enmarcar sus actos cotidianos como si estuvieran siempre listos para ser proyectados en una pantalla, estimulando modos performáticos de vivir bajo un ideal de transparencia que sueña con ser total, eso es algo cuyas implicaciones merecen ser examinadas con mayor atención. En vez de considerarlo una característica natural y universal del ser humano, por tanto, aquí sostendremos que tal vez sea algo sintomático de una importante transformación en las subjetividades occidentales. Porque esa teatralización coreográfica no solo se está generalizando, sino que además se ha legitimado en el plano moral. Ya no parece más considerarse "indecorosa", ni tampoco contradice la apuesta en el valor de la autenticidad del yo, como podría haber ocurrido en otros momentos históricos.

Se admite, entonces, que vivir consiste en desempeñar ciertos papeles más o menos teatrales, ahora que la vida tiende a parecerse cada vez más a una serie de videoclips vertiginosamente editados. O a una *timeline* audiovisual, como lo ha impuesto la red social Facebook a sus millones de usuarios desde 2011. Ese es el argumento entrevisto por otro autor estadounidense, Neal Gabler, en su libro titulado *Vida, la película. Cómo el entretenimiento conquistó a la realidad*, un ensayo publicado a fines del siglo XX. En suma, si hoy vivimos "performando" para "los que miran", acentuando nuestros comportamientos cotidianos con el fin de seducir a la mayor cantidad posible de espectadores, es porque las actuales condiciones de vida nos llevan a hacerlo. Nos sentimos incitados a calcular, estudiar, ensayar y enmarcar nuestros propios gestos cotidianos como si la meta universal fuera encuadrarlos para que el público pueda apreciarlos.

No es casual que el término selfie se haya convertido en la "palabra del año" en 2013, según el prestigioso diccionario Oxford, tras ser un neologismo desconocido un año antes. Ahora esos autorretratos tomados con la cámara del teléfono celular invaden las pantallas enredadas del mundo, siempre a la caza de la mayor cantidad posibles de likes por parte de los codiciados seguidores o fans. Ese fenómeno parece tener una relación directa con la exigencia de crear para sí mismo una felicidad visible, que ya fue mencionada en estas páginas. Se estimulan, así, modos "performáticos" de ser y estar en el mundo, que serían indicativos de fuertes cambios en las subjetividades. Esas transformaciones históricas ocurrieron en la transición del siglo XX al XXI, instaurando nuevas formas de relacionarse consigo mismo, con los demás y con el mundo.

Construirse como un espectáculo

"Como heredero de la fotografía, el cine siempre quiso ser más real que la vida", señaló el prestigioso cineasta francés Jean-Luc Godard, y esta frase es una metáfora para entender lo que sigue. En los lejanos años 50, el sociólogo David Riesman vislumbró los primeros indicios de esa mutación en los "modos de ser" de los sujetos occidentales. En su libro *La muchedumbre solitaria*, que presenta los resultados de un estudio empírico sobre los procesos de modernización en los Estados Unidos, este autor señaló la creciente relevancia del consumismo y de los medios de comunicación de masas —sobre todo los audiovisuales: el cine y la televisión— como vectores fundamentales en la articulación de dicho movimiento. Junto con los demás procesos que integran esa compleja metamorfosis, esos dos factores se destacan por haber afectado intensamente la sociabilidad y los modos de autoconstrucción, desembocando en una notable transformación de las subjetividades. En síntesis, ese complejo cambio consistió en un desplazamiento del eje en torno al cual se edifica lo que se es: desde "adentro" de sí mismo (introdirigido) hacia "afuera" o hacia los otros (alterdirigido).

Además de las expresiones informadas entre paréntesis en el párrafo anterior, el término usado por Riesman para nombrar el primer tipo de constitución subjetiva es "carácter". Esta palabra alude a una solidez "interna", que participa de la creencia en cierta estabilidad del yo y en el valor de la palabra para constituir lo que se es. Esa esencia interior, hospedada en el núcleo invisible de cada individuo, se concebía como una entidad pesadamente intangible. Además, solía considerarse mucho más valiosa, verdadera y determinante que todo aquello que está a la vista y que constituiría su opuesto: las "vanas apariencias" (Sibilia, 2006). A su vez, la otra modalidad de auto-estilización analizada por Riesman recibió el elocuente título de "personalidad". Para describirla rápidamente, cabría destacar que, en vez de asentarse sobre la densa base de la propia interioridad, esta construcción subjetiva más reciente apuesta a erigirse a partir de los efectos que logra provocar en los otros, enfatizando más que nada el plano visual.

Los modos de vida y los valores privilegiados por el capitalismo en auge al concluir la primera mitad del siglo XX fueron cruciales en esa transición del carácter interiorizado hacia la personalidad siempre expuesta a la mirada ajena. Con la gradual instauración de esas novedades, el desempeño visible y la imagen personal de cada uno se han vuelto valores primordiales. Por eso, de modo concomitante, los individuos fueron desarrollando todo un abanico de habilidades en el campo de la autopromoción. En varios sentidos, por lo tanto, las complejas transformaciones históricas aquí resumidas permiten explicar la súbita popularización de la *performance* en las últimas décadas. Y, en particular, el avance de los modos "performáticos" de ser y vivir, así como los contundentes cambios en lo que se refiere a su legitimidad y su valorización moral.

Riesman (1995, p. 34) explica que "los norteamericanos siempre buscaron una opinión favorable y siempre tuvieron que buscarla en un mercado inestable, en el cual las cotizaciones del yo podrían cambiar, sin la restricción de precios de un sistema de castas o de una aristocracia". Al finalizar el siglo XX, sin embargo, ya no se trataba más de una supuesta exclusividad de aquel país: a pesar de esa tradición cimentada por ese trayecto nacional específico, durante la segunda mitad del siglo pasado esa tendencia se irradió a nivel global. Una vez activada esa "redefinición del yo", fue germinando un tipo de subjetividad que busca desesperadamente atraer miradas y aprobaciones; y que, justamente por eso, intenta tejer contactos y todo tipo de lazos con los demás. Al verse gradualmente desposeído de su viejo anclaje interior, el centro de gravedad en el cual ese nuevo tipo de sujeto se apoya pasó a residir en la mirada ajena. Por eso, comparadas con sus ancestrales decimonónicas, las nuevas generaciones "viven en casas de vidrio, no resguardadas por cortinas de encajes o de terciopelo", como afirmaba Riesman (1995, p. 34) hace más de medio siglo.

Viven "performando" en pantallas espejadas, podríamos parafrasear hoy en día, actualizando así el vocabulario que este autor empleó –de modo bastante visionario– en los distantes años de 1950. Bajo el imperio de las subjetividades alterdirigidas, lo que se es debe ser visto, y se supone que cada uno se define a través de lo que muestra sobre sí mismo. Así, a principios del siglo XXI, ese "tipo caracterológico social" que brotó en las peculiares condiciones de la cultura estadounidense a mediados del siglo pasado, parece estar volviéndose hegemónico en escala planetaria. Un indicio de ese triunfo sería el libro *Yo 2.0*, de Schawbel (2011), conocido como "el gurú del marketing personal". Esa obra se transformó en un *best seller* global gracias a la promesa enunciada, sin resquicios de los viejos pudores, en su mismísima tapa: "Cómo aprovechar todo el potencial de las redes sociales para la promoción personal y profesional".

La tentadora propuesta de Schawbel se basa en la idea de "marca personal", una expresión acuñada en 1997 que revela "cómo vendemos nuestra imagen a los demás". Algo no solo muy deseable, sino también cada vez más posible, sobre todo gracias al auge de las redes sociales de Internet, una de cuyas funciones consiste en permitir que "cualquier persona se torne una marca". Es el triunfo pleno, no solo de la estética publicitaria, sino de su mismísima lógica que ahora todo lo impregna. Hasta no hace mucho tiempo, esa posibilidad solo era explotada —y solo estaba al alcance— de algunos pocos "privilegiados" con acceso a los medios de comunicación masivos, como por ejemplo las "celebridades". En una atmósfera sociocultural, política, económica y moral renovada, como la que se vive actualmente en las sociedades aglutinadas por los mercados globales, dispositivos como las redes sociales Facebook, Twitter, Instagram y Youtube, así como la proliferación de cámaras y pantallas siempre disponibles para verse y mostrarse, están al servicio de esas nuevas ambiciones. Sirven para hacer visible la propia *performance* —y, en ese gesto, "performar" y proyectar un yo atrayente— hacia un público potencialmente infinito. Y, por supuesto, no hace falta ser un artista para eso, basta con saber construirse a uno mismo como un personaje más o menos falso pero siempre verosímil y dotado de cierto realismo.

Todo lo que se ha descripto en los párrafos precedentes participa de aquello que, en 1967, el cineasta y activista francés Guy Debord vislumbró como la configuración de un nuevo modo de vida en los países occidentales: "la sociedad del espectáculo". Un mundo en el cual se desvanecieron las antiguas creencias en esencias ocultas —incluso en aquellas que solían integrar el núcleo de la subjetividad y eran, como tales, "invisibles la los ojos"—, de modo que las apariencias pasaron a constituir todo lo que existe porque tiene algún valor. Se trata, en síntesis, de un universo donde solo es lo que se ve y del modo en que se deja ver. En ese nuevo contexto, que se engendró durante la segunda mitad del siglo XX —y que ahora, en los albores del XXI, parece cristalizarse plenamente en todas las esferas de nuestra cotidianeidad—, solo puede haber garantías de que alguien existe si el sujeto en cuestión logra que su *performance* vital se haga visible. Para eso, cada uno debe luchar por sobresalir en un mercado de las apariencias cada vez más competitivo, convirtiendo su vida y su yo en productos "instagrameables" (Matchar, 2017).

"Performar" la propia autenticidad

"Yo soy profundamente superficial", confesó sin tapujos el artista Andy Warhol. Esta reflexión me permite avanzar en otras ideas. Lo que sucede en la esfera artística, como se sabe, no está aislado de los movimientos que sacuden al resto de la sociedad. Además de contaminarse mutuamente —y, cada vez más, dichos límites llegan incluso a deshacerse—, el arte suele contribuir para estimular o cimentar los cambios que afectan a las subjetividades. Sin embargo, hay algo que llama la atención: algunos elementos de las búsquedas artísticas que inauguraron las *performances* en los años de 1970 parecen contradecir todo ese ideario que fue emergiendo en la misma época hasta triunfar entre nosotros, rápidamente recorrido en las páginas precedentes. No se trata solo del intenso compromiso político contra las estructuras establecidas en un mundo regido por el capitalismo industrial y la moral burguesa, que constituía una impronta de aquellas prácticas contraculturales. Además, había en ellas una fuerte reivindicación de la autenticidad individual de cada artista. Ambas características no parecían contradictorias, por lo menos en aquella época, como asevera el famoso lema "lo personal es político", al mismo tiempo emparentado y opuesto a lo que Richard Sennett (2002) denominó "las tiranías de la intimidad" y que hoy se catapultan en su inesperada proyección pública.

Mientras la *performance* parece enfatizar el artificio y la puesta en escena, la autenticidad reivindica algo que sería exactamente lo contrario. ¿Es posible que vivamos, actualmente, tanto en la "era de la *performance*" como en la "era de la autenticidad"? Con ese último rótulo definió a nuestra época el filósofo canadiense Charles Taylor, por ejemplo, en su libro titulado *Una era secular*. Este autor se refiere a la "comprensión de la vida que emergió con el expresionismo romántico de fines del siglo XVIII", pero que solo se popularizaría en la segunda mitad del siglo XX. Esa expansión ocurrió con ayuda de los movimientos artísticos y socioculturales de los años 1960-1970, precisamente. Como fruto de ese movimiento histórico, la autenticidad pasó a integrar el menú básico de los valores más compartidos en la actualidad. Ese tejido de creencias, siempre según Taylor (2008, p. 557), supone que cada uno de nosotros "posee su propia manera de realizar nuestra humanidad, y que es importante encontrarse a sí mismo y vivir a partir de uno mismo, en contraposición a rendirnos al conformismo con un modelo impuesto".

No obstante, llama la atención que esa apuesta se plasme con tanta fuerza en estos preludios del siglo XXI, pues la creencia en la autenticidad del yo presupone una peculiar relación con la verdad, algo supuestamente superado tras los embates del "posmodernismo" que agitaron las últimas décadas del siglo pasado. De hecho, tal perspectiva parece asumir la existencia de una esencia interiorizada que constituiría el núcleo de cada individuo: una entidad relativamente fija y estable, hospedada en las profundidades de cada uno, que nos acompañaría –y se sedimentaría– a lo largo de toda la vida. Ser auténtico, por tanto, implicaría una fidelidad a ese centro identitario anclado en los abismos de uno mismo. Tanto ese deseo como esa demanda de autotransparencia asumen que hay un ser y una verdad "dentro" de cada uno de nosotros. Algo que parece contradictorio con la implosión y fragmentación de la identidad moderna, así como con el agotamiento de la interioridad psicológica. Es decir, con todos esos procesos que marcaron a las subjetividades contemporáneas y las fueron convirtiendo en entidades cada vez más flexibles, múltiples, epidérmicas, fluidas y mutantes de ser y estar en el mundo. O sea, subjetividades "alterdirigidas" que propician los mentados "modos de vida 'performáticos'".

¿Acaso se trata de una paradoja más de la compleja cultura globalizada del siglo XXI? Una época en la cual, según la psicoanalista brasileña Suely Rolnik (1997, p. 19), "muchas son las cartografías de fuerzas que piden nuevas maneras de vivir, numerosos los recursos para crearlas e incontables los mundos posibles". Considerando las tantas mutaciones que vienen afectando a la producción de subjetividades en las últimas décadas, no suena tan extraño que la *performance*, como género artístico, haya surgido en los años 1960-1970. Tampoco sorprende que eso haya ocurrido en el seno de la tradición espectacular de los Estados Unidos, en un momento de fuertes cuestionamientos destilados por los impulsos de la contracultura. Ni que, medio siglo después, esté expandiéndose por el planeta globalizado del siglo XXI con otras tonalidades pero también con un vigor inusual.

Buena parte de las impugnaciones políticas que vibraron en aquel momento, sin embargo, hoy parecen exhaustas. Fueron desactivadas por la arrasadora desilusión que vino después e, incluso, por cierto acoplamiento de las resistencias a los dispositivos de poder más astutos de la actualidad; a pesar de las tentativas de resucitar ese espíritu que aún se manifiesta, sobre todo, en el campo artístico. Lo que parece haber triunfado es cierta sobrevivencia —e incluso una exacerbación— de la *performance*, que tiene mucho sentido si el fenómeno se examina desde la perspectiva genealógica presentada en este ensayo. En una cultura que insta a vivir bajo la lógica de la visibilidad y que atiza en los sujetos una búsqueda tan ansiosa por la espectacularización de sí mismos, alimentada por el deseo de obtener reconocimiento a cualquier costo, ya no basta ser alguien o hacer algo para destacarse y conquistar las codiciadas miradas ajenas. Además, todo el tiempo, hay que "performar": mostrarse haciendo lo que sea y siendo un personaje interesante. Y, por supuesto, también hay que ser visto en esa exhibición.

Lo curioso es que esa superexposición en franco crecimiento y la supuesta transparencia que se anhela por todas partes hoy parecen coincidir con la definición de cierta autenticidad igualmente valorizada, pero que no se asienta más en las profundidades de la propia interioridad. En cambio, y casi por el contrario, esa "verdad" ahora se construye en el plano de lo visible. Tal vez porque la *performance* implica un cuerpo que se expone y, en ese gesto, se crea a sí mismo. Esa subjetividad gana forma y existencia a medida que (y en la medida en que) se muestra y aparece, "performa" y "se performa". Tal es la dimensión "performativa" que integra el propio acto de volverse visible. Por eso, en esas nuevas prácticas mediáticas y artísticas, no se trata tanto de poner en escena una ficción o de simular ser alguien que, en realidad, no se es, ni tampoco de vestir una máscara mentirosa. Lo que de hecho ocurre en esas acciones es la invención de un cuerpo y una subjetividad reales o verosímiles. Como afirma André Brasil (2011, p. 10) en el texto antes citado: "El criterio valorativo de una *performance* no pasa más por la verdad —su adecuación al mundo de referencia o su 'autenticidad'—, sino por la efectividad de su operación, por su productividad, por su eficacia". En otras palabras: por los efectos que es capaz de causar en los espectadores.

Mostrarse haciendo y siendo

"Elegir la propia máscara es el primer gesto voluntario humano, y es solitario", decía Clarice Lispector, la escritora ucraniana-brasileña. Y su pensamiento permite retomar algo central: en el lenguaje coloquial de los últimos tiempos, cuando se dice que alguien es "performático", significa que sus gestos y actos parecen haber sido entrenados para impresionar a sus espectadores. Esa idea evoca las raíces epistemológicas de la palabra hipócrita que, curiosamente, no siempre exhaló connotaciones negativas. Para los griegos, *hypókrisis* era el arte de desempeñar un papel teatral. Con el pasar del tempo, sin embargo, triunfó el tono peyorativo que hasta hoy tiñe al vocablo, privilegiando el sentido de falsedad de la interpretación escénica y transbordando el ámbito estrictamente artístico. Así, el hipócrita se convirtió en alguien que finge sentimientos distintos de los que realmente experimenta, con el objetivo de sacar provecho engañando o seduciendo a los demás. En suma, algo no muy diferente de lo que hoy se considera "performático", como una característica de las personalidades actualmente en boga.

Sin embargo, en una época como esta, tan marcada por el deseo y por las demandas de "ser auténtico", con delirios de transparencia total en la definición de quién es cada uno, cabe esbozar otra sospecha: ¿por qué será que los actores gozan de tanto prestigio? Los representantes más exitosos de esta profesión se convierten en ídolos, encarnando las famosas celebridades que son adoradas y emuladas por buena parte de los sujetos contemporáneos. Pero podría decirse que se trata de grandes hipócritas, ya que su oficio consiste en fingir frente a las cámaras y proyectar su imagen mentirosa en innumerables pantallas, con una creciente disgregación del límite entre los momentos en que actúan ficciones y aquellos en que desempeñan el papel de sí mismos.

Algo semejante podría decirse con respecto a los más recientes *influencers*, *youtubers* o *instagrammers*. Cuanto más "performáticos" son (y cuanto más disimuladamente logran serlo), mejor serán juzgados y más admiración suscitarán. Sin embargo, ¿cómo explicar esa idolatría a los hipócritas en esta era de la autenticidad? Tal vez esa pregunta pueda empezar a ser respondida actualizando, aquí, la genealogía presentada por Richard Sennett en su libro antes citado, *El declive del hombre público*. Si la era burguesa simbolizó un tránsito del "régimen de la máscara", característico de la aristocracia y la artificialidad cortesana que brillaron en los siglos XVII y XVIII, hacia cierta "era de la autenticidad" que se instaló tras la utopía democrática del clivaje hacia el siglo XIX, es posible que ahora estemos ingresando en un nuevo y complejo "régimen de la *performance*".

En este contexto, muchas acciones parecen coreografiadas para afectar a los demás, que ahora se han redefinido como "aquellos que miran", retomando la expresión de Schechner. El esfuerzo "performático" siempre tiene en su blanco la mirada ajena: su meta consiste en conquistar la atención de aquellos que observan y que, como tales, aún conforman el principal modelo receptor de los productos artísticos y mediáticos, así como de las subjetividades que necesitan ser vistas para existir. Esta es una posible explicación para la insistencia en la interactividad por parte de los formatos más actuales; particularmente, de la *performance*. Porque se trata de algo que solo puede ocurrir o consumarse si alguien está mirando o, mejor todavía, admirando y aplaudiendo. Ya sea en tiempo real o diferido, como sucede en los casos de las filmaciones o proyecciones, incluso en la creciente cantidad de material de ese tipo que circula por Internet. Algo es evidente, sin embargo: si esos cotizados ojos que (me) miran jamás comparecieran, entonces no habría *performance* alguna. Todo eso lleva a formular una conclusión inquietante, aunque obvia: solamente se "performa" para la mirada ajena.

Ese ajuste en la definición es muy elocuente, aunque más no sea porque convierte al "performer" en un personaje: aquel que siempre tiene testigos, alguien que necesita ser observado porque su existencia está condicionada por esa mirada de los otros. Los personajes solo existen si son observados: solamente "son alguien" si otros ven su *performance*. Esa es, precisamente, una de las definiciones posibles para esa otra entidad escurridiza, el personaje. No se trata aquí de subrayar la ambigua —y, por lo visto, cada vez menos relevante— diferenciación entre realidad y ficción, sino de encarnar una subjetividad que solo existe si se encuentra bajo observación (Sibilia, 2008, p. 265). Desde esa perspectiva, por lo tanto, el personaje —es decir, aquel que "performa", ya sea real o ficticio—, está siempre a la vista y solamente es o existe si (y en la medida en que) alguien está mirando. Esto equivale a afirmar, retomando los conceptos de Riesman, que su personalidad es alterdirigida.

"Los modos por los cuales alguien se 'performa' a sí mismo", según la argumentación de Schechner (2003, p. 34), siguen una lógica semejante "a los modos por los cuales las personas 'performan' a otras personas en los dramas, danzas y rituales". En suma, ya sea desempeñando el papel de uno mismo o encarnando a un personaje ficticio; en todos los casos, se trata de mostrarse haciendo algo o exhibirse siendo alguien. De modo que todo el peso de esa definición recae en el polo receptor: en el otro, aquel que mira y, con ese gesto, tiene el poder de conceder existencia al personaje que "performa". Así termina de delinearse otro ajuste importante en la definición de qué significa "performar": consiste en hacer algo —o, simplemente, en ser o parecer alguien— con la certeza o la ilusión de estar siendo observado.

"Hoy, difícilmente existe actividad humana que no sea una *performance* para alguien, en algún lugar", constata Schechner (2003, p. 39), con el adverbio temporal remarcado por la autora de este ensayo. Porque lo que se intenta argumentar acá es un aspecto importante de esta cuestión: su actualidad, algo que no suele destacarse pero que el análisis genealógico lo identifica como un rasgo fundamental. Según esta perspectiva, no se trata de algo inherente a la naturaleza humana, como parecen insinuar las teorías de autores que siguen la línea de Erwin Goffman (1985), por ejemplo, así como de buena parte de aquellos que se inscriben en la reluciente vertiente académica abierta por los *performance studies*. La posición aquí esbozada sugiere, en cambio, que hay explicaciones históricas para todo esto: tiene sentido que la *performance* se haya transformado en lo que es ahora, entre nosotros, a diferencia de lo que ocurría en otras épocas y culturas, incluso en las sociedades occidentales hasta hace muy poco tiempo.

Desde fines del siglo XIX y a lo largo del intenso siglo XX, se ha realizado un gran esfuerzo por disolver las fronteras entre lo que se consideraba ficción —o una puesta en escena— y todo aquello que supuestamente no lo era. Esa tentativa se alió a las distinciones entre arte y no arte, o incluso entre vida y arte. De alguna manera, se diría que la meta fue alcanzada; ahora, a principios del tercer milenio, todos esos límites se han diluido. "En un extremo de ese espectro, está muy claro qué es una *performance*, qué es una obra de arte", ejemplifica Schechner (2003, p. 39); en el otro, esa claridad no existe". Es probable que uno de los motivos —y, al mismo tiempo, uno de los efectos— de esa disolución de los antiguos pares dicotómicos sea, justamente, que ahora todo es *performance* y arte; o que, por lo menos, todo puede llegar a serlo.

Se trata de una de las múltiples complicaciones implícitas en ese tipo de implosiones de las viejas categorías: si todo es *performance* y si todos somos "performers" todo el tiempo, entonces se corre el riesgo de que nada ni nadie lo sean jamás. O, en el otro extremo y con efectos idénticos, que lo nombrado no tenga ninguna relevancia o que ni siquiera exista. Si todos somos una suerte de artistas porque tenemos la capacidad de convertir nuestras acciones diarias en arte −como ejemplifica Schechner aludiendo a las webcams que transmiten la cotidianeidad de cualquiera por Internet, y podríamos agregar allí también a gran parte de la actividad que se desarrolla en las redes sociales y en los blogs−, entonces, ¿bajo cuáles criterios determinaremos quién merece ser señalado como un verdadero artista performer? O sea, alguien que crea *performances* artísticas dignas de ser consideradas como pertenecientes a ese campo, a diferencia de todos los demás que solo realizan sus triviales *performances* cotidianas. ¿Tal vez estas dudas sugieren que semejante esfuerzo de diferenciación perdió su sentido?

Tras estas rápidas reflexiones sobre algunas de las reverberaciones del término *performance* en la cultura contemporánea, este breve ensayo se propone, ahora, el desafío de concluir consumando su ambicioso objetivo. La meta que guió este trayecto en su esfuerzo por ajustar ciertas definiciones es, precisamente, problematizar el estatuto de la *performance* artística −aquí definida como un acto efectuado por alguien que se considera un artista "performático" y que pone su propio cuerpo en exhibición− en sus complejas relaciones con dos entidades omnipresentes en la actualidad: los medios de comunicación y el mercado. Por eso se ha intentado revelar, a partir de las reflexiones esbozadas en las páginas precedentes, ciertos engranajes de nuestros modos históricos de ser como somos, sujetos contemporáneos, en los cuales tanto la idea como la práctica de la *performance* parecen haberse vuelto cada vez más relevantes.

El cuerpo del artista eclipsa la obra

"Exhibirse es difícil para aquellos que no se sienten bien con sus propios cuerpos. Yo podría haber sido más humilde; pero si hubiera sido más humilde, no habría sido una artista", sentenció Hannah Wilke la pintora, escultora, fotógrafa, artista de vídeo y de *performance* estadounidense. Es el puntapié para pensar que son varias las paradojas que hechizan al campo artístico actualmente, en su creciente fusión con el universo mediático, y que colaboran para concentrar en él una peculiar absorción de las mutaciones más recientes ocurridas en las subjetividades. Con el desmoronamiento del viejo templo del arte, que empezó a ser dinamitado por aquellas vanguardias que ya son históricas, y después de todos los certificados de defunción concedidos al autor, al artista y hasta a los museos, en las últimas décadas el panorama de la creación contemporánea que ofrecen los medios de comunicación —y que el mercado celebra e invita a consumir— no podía ser más consagratorio de todas esas pomposas figuras. Suena paradójico pero quizás no lo sea tanto, sobre todo si consideramos otros procesos que también se desdoblaron en el convulsionado siglo XX. Como fruto de las reivindicaciones vanguardistas, por ejemplo, el artista pasó a ser tanto sujeto como objeto de su obra, algo que se generalizó después de los años de 1960-1970. El mismo acto de crear se convirtió en una especie de objeto de culto; al instalarse bajo los *flashs*, el cuerpo del artista se fue transformando en el principal blanco de los espectadores.

No es casual, por lo tanto, que manifestaciones como el *body art* y la *performance* hayan surgido en ese terreno que tanto fertilizó a la escena artística contemporánea. Todo comenzó, probablemente, con las fotos y filmaciones de Jackson Pollock en acción, pintando sus enormes telas con el cuerpo entero. Eso es lo que afirma Amelia Jones en su ensayo publicado como introducción al libro *El cuerpo del artista* (Jones y Warr, 2006, p. 23). Siguiendo los análisis de esta autora, podría decirse que tales imágenes tuvieron un inmenso poder "performativo", contribuyendo a engendrar otra forma de "ser artista" en la generación que sucedería a los modernos y que desplazaría a la obra del primer plano, poniendo a la figura del autor en el centro del escenario. Si el sueño modernista era hacer de la vida una obra de arte, algo comparable a los objetos que dichos artistas solían producir, quizás ahora la meta consista en protagonizar la propia vida como una llamativa *performance*.

Quizás sea pertinente insertar aquí la duda de Jeudy (2002, p. 111): "¿Será que esa manera de dar su cuerpo como espectáculo es una violencia hacia la representación?". Si la ilusión de superar esas limitaciones de la creación artística más tradicional llevó a la exhibición corporal de los autores, el exceso de ese gesto "solo consagra la generalización del espectáculo a la propia vida cotidiana", responde el mismo autor en su libro *El cuerpo como objeto de arte* (Jeudy, 2002). En el complejo momento actual, de hecho, no es posible ignorar la creciente importancia de los medios de comunicación y del mercado en la definición de qué es arte y quién es un artista. Difícil no reconocer que esas dos entidades (medios y mercado) suelen estampar en sus vitrinas solamente aquello que se puede comunicar y vender más o menos fácilmente; de preferencia, que venga amparado bajo la marca de alguna novedad polémica que dispare algún pequeño escándalo transitorio y después desaparezca arrastrada por el flujo incesante de informaciones. En ese magma, se intuyen las huellas del camino que llevó a hacer del artista una estrella o una especie de marca que debe proyectar una imagen capaz de vencer en la lucha por conquistar cierta visibilidad. En suma: alguien que, como todos los demás, también necesita convertir a su yo en un *show* para poder "ser alguien" o para posicionarse en los mercados como, por ejemplo, un artista.

Así, al convertirse en una celebridad que lanza una serie de productos y servicios firmados con su marca —sabiendo que entre ellos, y sobre todo, debe ocuparse de vender su propia imagen—, el artista tocado por la varita mágica de los medios y del mercado se distancia definitivamente del artesano. No necesita hacer más nada con sus manos, pues ya no se trata de producir bellos objetos que serán apreciados en su completa totalidad. Lo que importa ahora es la "performatividad" de su cuerpo; no solo su aspecto físico o su imagen corporal, sino también sus acciones cotidianas. Con su concomitante repercusión mediática, estas últimas se han vuelto súbitamente determinantes para valorizar su "obra". Bajo esas nuevas reglas de juego, será tanto la fulgurante personalidad del artista como su *performance* —en una acepción amplia y hasta existencial del término– las que prestarán su sentido y su valor a cualquier obra que el artista realice, y no al contrario, como solía suceder.

Esos procesos suelen ser interpretados como la consumación de cierta "democratización" del arte, que, a su vez, acarrea una engañosa desaparición de la autoría. Sin embargo, a partir de esa perspectiva, ese eclipse autoral no parece implicar exactamente la agonía del autor, sino su transformación en algo de otro orden, que podría llevar, inclusive, a su exasperación. "La ampliación del concepto de arte es imagen especular de la expansión de la subjetividad del artista creadora de valor", afirma Sloterdijk (2007) en su ensayo sobre las peripecias del arte contemporáneo presentado en la Documenta XI de Kasel, realizada en Alemania en 2002. "Todo lo que toca la vida del artista será transformado en arte", agrega el filósofo alemán, e ilustra su idea del siguiente modo: "Si hubiera sido jurídicamente posible, Andy Warhol habría vendido a coleccionistas con sólidas finanzas calles enteras de edificios de Nueva York que él habría transformado en obras de arte al pasear por ellas". Sería, sin duda, una *performance* cuya documentación fotográfica o audiovisual podría alcanzar cotizaciones impensables en los mercados contemporáneos.

A la luz de esas reflexiones parece reflotar, aquí, una interrogación tantas veces repetida: al final, ¿qué es arte hoy en día? Si optamos por asumir la avara definición puramente mercadológica y mediática que se ha esbozado en estas páginas, parece obvio que los resultados de esa maquinaria son incapaces de generar una experiencia capaz de conmover, sorprender, angustiar, sacudir y ampliar el campo de lo posible. En vez de apostar a lo desconocido, en vez de borrar la marca autoral con una explosión de sentido –o de sinsentido– y demoler el aura un tanto oxidada, aunque siempre reciclada, de los museos y de las galerías (así como de los artistas), abriendo las puertas a un diálogo crítico con los dolores y las delicias de la vida contemporánea, esa definición suele ser pobremente tautológica. Arte es aquello que hacen esas excéntricas celebridades, los artistas más cotizados del momento.

Aún si ellos no hacen nada, en rigor. Basta con que sepan ser artistas —o parecerlo, porque la diferencia entre ambos verbos también se ha eclipsado—, en la medida en que se las arreglen para "performar" sus propios papeles y sean capaces de mostrarse como tales. En ese sentido, los influencers que últimamente han plagado las redes sociales de Internet parecen encarnar esa misión de un modo todavía más preciso: no es casual, por lo tanto, que habiendo aparecido hace menos de una década, raudamente se hayan convertido en sinónimo de éxito y en la más tentadora ambición existencial de las nuevas generaciones.

Una *performance* más allá de lo "performático"

"La vida es una obra de teatro más o menos buena, con un tercer acto muy mal escrito", describió con precisión el escritor norteamericano Truman Capote. Con esta frase nos acercamos al punto casi final de esta reflexión, en el que cabe nuevamente preguntarse qué es *performance* y qué hacen exactamente aquellos que practican tal género. ¿Se trata, tal vez, podríamos insinuar, de una redefinición (y de una revalorización) muy contemporánea de la clásica hipocresía, aún cuando el personaje encarnado sea el de un auténtico artista? Un detalle curioso es el hecho de que, al menos en Brasil, el término artista se identifica coloquialmente como sinónimo de actor o actriz, sobre todo en referencia a las celebridades de la televisión y del cine, incluyendo allí a quienes ahora se reconocen como figuras mediáticas o, a secas, mediáticos. Además, hay que destacar la creciente importancia de los soportes audiovisuales en la escena artística contemporánea, que invaden tanto las grandes exposiciones bienales como las pequeñas galerías, por no mencionar las redes informáticas, en diversos formatos y más allá del espacio antes restringido a las salas de cine o a la pantalla doméstica del televisor. No hay cómo negarlo, entonces: la *performance* audiovisual está en auge.

¿Pero qué son y qué hacen, al fin y al cabo, los "performers"? Tal vez se trate de verdaderos hipócritas exitosos: fingen espontaneidad, interpretan bien los personajes que "están siendo" y, por eso, son premiados con la mirada de los espectadores. Una mirada que es capaz de concederles nada menos que la propia existencia, aunque, en rigor, ya no sean nadie, puesto que en los últimos tiempos han mermado tanto la creencia en el valor del carácter interiorizado como la confianza en la existencia de una identidad fija y estable. Parece haber restado, sin embargo, aquello que la ya mencionada Suely Rolnik (1997, p. 20) denominó "referencia identitaria". Se trata de una quimera que aún insufla al yo, con sus despóticas demandas de autenticidad y transparencia, alimentadas cotidianamente por un frondoso catálogo de soportes, muletas y "drogas" de diverso tipo, que, según la misma autora, ayudan a "sostener la ilusión de identidad".

Son las mismas fuerzas que destrozan las identidades e intensifican sus mestizajes las que llevan a producir "kits de perfiles estandarizados", como los llama Rolnik (1997, p. 21), o "identidades globalizadas flexibles, que cambian al sabor de los movimientos del mercado y con igual velocidad". Bajo esa perspectiva, el torbellino que viene arrasando a las viejas formas de la identidad no implicó necesariamente un abandono de tales formatos; en cambio, las subjetividades contemporáneas "tienden a insistir en su figura moderna, ignorando las fuerzas que las constituyen y las desestabilizan por todas partes, para organizarse en torno a una representación de sí mismo dada *a priori*, aunque esta representación ya no sea siempre igual" (Rolnik, 1997, p. 21). En ese nuevo cuadro, por lo tanto, los cambios y las reinvenciones del yo no solo se permiten, sino que son constantemente estimuladas. Sin embargo, aún siendo provisoria e inestable, cierta referencia identitaria persiste y tiraniza a esas subjetividades mutantes.

Como sugiere Rolnik (1997), esto puede deberse al inmenso desafío que implica deshacerse de tales amarras, con el subsecuente pavor de "convertirse en nada" cuando no se está a la altura de las circunstancias. O sea, cuando se es incapaz de producir el perfil requerido para gravitar exitosamente en alguna órbita del mercado. Esa amenaza de desintegrarse en la nada es una experiencia terrible y muy actual, que habría sido improbable cuando regía la creencia en un acervo firmemente arraigado en las propias entrañas –a pesar de todo el despotismo implícito en esa apuesta–, y cuando los tentáculos del mercado todavía no se habían infiltrado en las nervaduras más delicadas del cuerpo y de la subjetividad.

Una hipótesis que guió este ensayo es que esa complejidad y esa ambigüedad, que caracterizan a la producción del yo en el mundo contemporáneo, se constatan en las innumerables tentativas de crear personajes verosímiles que proliferan actualmente, tanto en el campo artístico como en el mediático ampliado a Internet. Porque esa verosimilitud no suele basarse en la fidelidad a alguna esencia interiorizada; o sea, a aquello que los personajes son, aun siendo ficticios. En cambio, su potencia en términos de veracidad o autenticidad se apoya en su capacidad de aparentar y mostrar –y, en ese mismo acto, inventar o "performar"– aquello que están siendo. Eso se logra proyectando en un yo más o menos falso –siguiendo los códigos de su género inspirador, la publicidad– pero al mismo tiempo verosímil en su capacidad de venderse ante los espectadores. Un personaje optimizado con filtros, poses y retoques, sometido a una cuidadosa curaduría de sí mismo, pero al fin y al cabo considerado verdadero, cuya existencia debe presentarse con toda la legitimidad de lo real.

Así, aún pulverizada tras las turbulencias que la desestabilizaron en la segunda mitad del siglo XX, la referencia identitaria sigue operando como una exigencia bastante activa para la producción de subjetividades en el actual imperio de las personalidades alterdirigidas. Esa antigua demanda, aunque envejecida y fragilizada por las luchas que la fustigaron a lo largo de las últimas décadas, continúa pautando las nuevas estrategias de construcción de sí, que se desdoblan tanto en las pantallas y galerías como en cualquier otra vitrina de los modos de vida contemporáneos. Y, cada vez más, se anulan las diferencias entre todas esas instancias. En esa transición de los caracteres introdirigidos que constituían las subjetividades modernas rumbo a las personalidades alterdirigidas que imperan actualmente, la vieja ilusión identitaria sigue inspirando la creación de personajes más o menos plausibles. Se trata de sujetos que deben ser transparentes y parecer auténticos, no porque sean fieles a su esencia —de allí su condición ilusoria—, sino porque aparentan muy bien ser quienes aparentemente están o quisieran estar siendo.

Aunque el panorama parezca, a veces, demasiado falaz o incluso un tanto desolador, es justamente por todo eso que el trabajo artístico se ha vuelto tan vital en la contemporaneidad. Las artes tienen mucho para decir sobre lo que está pasando y sobre lo que puede llegar a pasar; y, sobre todo, acerca de lo que nos gustaría que sucediera, aunque aún no logremos siquiera imaginarlo. Para poder gritar bien alto y que sus aullidos se escuchen entre tantos murmullos y espejismos, los artistas enfrentan un desafío que no es menor, y que el mismo Guy Debord vislumbró en sus ácidas tesis de 1967. En la sociedad del espectáculo, la crítica también se espectaculariza y se vende como mercadería; y, en ese proceso, su potencia de invención suele desactivarse. "Porque es evidente que ninguna idea puede conducir más allá del espectáculo existente, sino solamente más allá de las ideas existentes sobre el espectáculo", constataba hace cinco décadas el cineasta situacionista Debord (1972, p. 193).

Incumbe a la osadía artística, por lo tanto, la difícil misión de sortear las seductoras trampas de la espectacularización del yo. Será necesario saber contornar o explorar, de algún modo, eso que lleva a las subjetividades contemporáneas a mostrarse desesperadamente y de la manera que sea, intentando conquistar las vidrieras de los medios de comunicación y del mercado para tener la garantía de que existen, son alguien y tienen valor. "Al fin y al cabo, la *performance*, en su forma de simulacro actuado para cámaras 'ocultas', ya invade hoy los estudios de televisión que generan programas cuyo éxito es un motivo más de desencanto y abatimento", afirma el curador Teixeira Coelho (2009, p. 10) en el prefacio del libro sobre performatividad. Ante ese cuadro, el autor convida a recuperar "el sentido fuerte de la *performance*, con la exploración sensible de sus sintonías finas que un retraerse en el tiempo ahora permite". Para eso, será necesario esquivar o zanjar algunos de los problemas aquí esbozados. El desafío es particularmente complicado para los artistas performáticos, aunque, por el mismo motivo, su éxito puede ser más promisorio, en la medida en que logren reinventar esa experiencia buscando un chispazo o una vibración, tanto en ellos como en los demás, recuperando, así, su capacidad altamente política de sugerir nuevos modos de experimentar el mundo y la vida.

CAPÍTULO 9

Las mediaciones emergentes

Por Sebastián Codeseira y Bernardo Geoghegan.

Sebastián es cofundador y socio de futures.lat, consultor especializado en planificación y futuros estratégicos en América Latina en diversas categorías y sectores. Durante la última década fue director regional en The Futures Company (luego Kantar Futures). En 2007 se trasladó a México. De ahí, en 2012 a San Pablo, Brasil. Es egresado de la Facultad de Filosofía y Letras de la Universidad de Buenos Aires y participó en varias publicaciones y conferencias en toda América Latina.

Bernardo es cofundador y socio de futures.lat y se desempeñó como estratega especializado en comunicación e innovación. En los últimos 25 años trabajó para las categorías de producto más diversas en toda América Latina. Fue director ejecutivo de The Futures Company para América Latina, director regional de Planificación de Ogilvy Latina, socio fundador y presidente de Account Planning Group Argentina y director académico de Miami Ad School Buenos Aires.

Cambios irreversibles en el vínculo entre la marca y el consumidor

En gran medida la historia de las marcas evolucionó conforme a los cambios del siglo XX. La línea de montaje y producción en serie, la consolidación de una clase media y de un mercado de masas global, los saltos tecnológicos en dirección de medios de consumo masivos con interfaces más inmersivas, redes de comunicación transnacionales y una globalización del mercado de consumo son algunos de los factores que han ido impulsando a las marcas y trazando su rol y funcionamiento.

Del mismo modo, el siglo XXI y sus transformaciones sociales, tecnológicas, económicas y culturales definirán también el significado y lógica de funcionamiento de las marcas. Sin embargo, y en eso se centrará este ensayo, el tipo de transformaciones determinadas por esos cambios contextuales traerán, sobre todo, nuevas amenazas a la manera en que hemos creado y desarrollado marcas, nuevas disrupciones en los mecanismos narrativos de las marcas y en su capacidad de impacto comercial. Nos proponemos en las próximas líneas identificar, puntuar y subrayar algunos de esos cambios de contexto y sus desafíos emergentes derivados.

Desde su inicio, las marcas han tenido como principal función la de diferenciar (marcar) un producto de modo tal que el consumidor lo pudiera elegir por sobre otros similares. Al inicio, era esencialmente una referencia de calidad, de confianza, lo que garantizaba que el consumidor la eligiera. Luego, a medida que los medios de comunicación y la sociedad de consumo evolucionaron y se volvieron cada vez más complejos, el universo de referencia de las marcas se hizo más sofisticado; dejó de referirse a un producto determinado y a sus beneficios funcionales para pasar a evocar un conjunto de narrativas abstractas, emocionales, ideales: un estilo de vida, un punto de vista, una mirada simbólica.

Es evidente que las referencias de las marcas, con el paso de las décadas, fueron modificándose y sofisticándose; sin embargo, la marca como tal continuaba siendo construida y comunicada con el mismo foco de siempre: ser parte de una conversación y un vínculo con la gente, con el consumidor. De hecho, ese vínculo marca-consumidor ha sido el principal objetivo de las áreas de marketing de la mayoría de las empresas y el objetivo perseguido por la industria publicitaria *brief* tras *brief*, campaña tras campaña. Hemos, profesionalmente hablando, sido criados y crecido en el paradigma en el cual ese vínculo marca-consumidor representaba el valor más preciado. Así ha sido siempre.

Sin embargo, nuestros entornos cada vez más digitales generarán cambios en el rol de las marcas y su vínculo con el consumidor. Se trata de nuevas mediaciones e interferencias en ese diálogo entre marca y consumidor a partir de la digitalización de nuestras vidas. Si hasta ahora la elección y la compra se basaban fundamentalmente en ese vínculo del consumidor con la marca, en el futuro habrá cada vez más mediaciones, los procesos de selección y de compra estarán cada vez más influenciados por algoritmos, por inteligencia artificial (IA), por robots, por procesos automáticos (no humanos) de compra y abastecimiento. Ese vínculo marca-consumidor comenzará a quedar descentrado y su autoridad máxima será cuestión del pasado.

Otros elementos formarán parte de la ecuación de la construcción de marca y de las comunicaciones. En el diseño de una campaña de marketing ya no será solamente cómo generar un vínculo, racional y emocional, entre marca y consumidor. Habrá también que considerar otros desafíos: cómo influir en los algoritmos que harán recomendaciones dentro de la categoría, cómo intervenir en los procesos de compra automatizados, o bien cómo interactuar con bots y otros programas de IA.

Un caso en esa dirección es Home Refill, en Brasil. Se trata básicamente de una plataforma de comercio minorista, con un modelo de suscripción, donde el cliente selecciona una serie de ítems necesarios para el abastecimiento de su hogar y define la frecuencia de compra y envío. A partir de ese momento, recibirá automáticamente en su casa todos esos productos en la frecuencia definida. Incluso el pago queda automatizado como débito automático.

Otro ejemplo en la misma dirección es el sistema Amazon Dash Replishment. A través de él una serie de ítems básicos (alimento para mascotas, por ejemplo) son automáticamente abastecidos por Amazon mediante sensores que informan que se han agotado. El pedido queda registrado y el producto es abastecido en el hogar. Un proceso automático, invisible, sin ningún tipo de intervención humana.

Pues bien, ¿cómo consigue una marca quebrar con ese proceso de compra y abastecimiento automático definido? ¿No habrá un reto mayor para que la comunicación pueda persuadir al consumidor que decida cambiar y configurar una nueva opción?

La construcción de marca y su impacto tendrán nuevos desafíos más allá del vínculo con el consumidor. La relación marca-consumidor queda descentrada, tal vez perdiendo su hegemonía en la ecuación. Será apenas una variable más a resolver por los algoritmos. La capacidad de la comunicación de influir en audiencias no humanas (algoritmos, robots, IA) será también parte esencial de la ecuación de marca, de su estrategia y construcción. Comprender y planificar en esa multidimensionalidad de la marca y su entorno complejo será parte de los desafíos del día a día de los gerentes de marketing y de las estrategias en los próximos años.

Fuera de control

Igual que ese vínculo marca-consumidor ha quedado descentrado en entornos cada vez más digitalizados, la comunicación de la marca también ha perdido el control de su mensaje e interlocución. Si bien tradicionalmente las empresas y sus agencias diseñaban la comunicación de las marcas, su mensaje, tono y discurso, ahora el entorno digital presenta nuevos desafíos.

Lo que caracteriza a Internet es que, en esencia, se trata de una multiplicidad de voces que emergen infinita, abrupta e incesantemente: redes sociales, posts, comments, influenciadores, bots, trolls, memes, contenidos diversos, comunidades, algoritmos, burbujas de información, entre otros. Y es justamente en ese entorno caótico donde las marcas hoy intentan continuar haciendo lo que siempre hicieron: contar y decir algo.

¿Cómo lograrán las marcas articular esos flujos de voces caóticos? ¿Cómo lidiar con las formas automáticas de discursos (robots, algoritmos)? Querer mantener el control absoluto es una tarea tan inútil como imposible. Se tratará en cambio de una estrategia diferente: asumir una pérdida parcial del control y luego procurar mensajes simples, claros y contundentes, y de navegar esos flujos complejos del discurso.

Un caso interesante en este sentido es la campaña de Diesel "*Be a follower*", que comunicó, en tono irónico y con reconocidos influencers como protagonistas, que ser un influencer no es tan glamoroso como parece y que es mejor ser un follower. Al mismo tiempo, la marca creó una plataforma donde cualquiera puede ser un "micro influencer"; solo basta con anotarse, recibir un código personalizado, distribuirlo entre los amigos y recibir descuentos si los amigos compran con ese código. En la primera campaña, más tradicional, comunica a la audiencia, y en la segunda, comunica a través de la audiencia, transformándolos en medios para que su mensaje llegue. Es lo que la revista especializada *Contagious*[1] llama "*weaponize your audience*": ofrecer incentivos a la audiencia para que promocione productos o servicios entre familiares y amigos.

Otro ejemplo de la necesidad de simplificar los mensajes es el crecimiento de Alexa (asistente virtual de Amazon), que permite realizar pedidos en Amazon "hablándole" a un dispositivo. Esto planteará el desafío de cómo hacer que la gente pida mi marca y no la categoría, donde corremos el riesgo de que Amazon le ofrezca su propia marca. Y cuando pide mi marca, ¿cómo identificar cual es la variedad que busca? Si hasta ahora las empresas se preocupaban por la identidad visual y su destaque en góndola a través del embalaje, en el futuro deberán preocuparse además por la identidad auditiva y su diferenciación en la góndola virtual de los buscadores por voz. Los expertos llaman a esto "*voice search optimization*" (optimización para búsquedas por voz), y ya hay campañas promocionales donde la participación se hace a través de la repetición de la marca a

---

1 https://www.contagious.com/news-and-views/diesel-side-biz

dispositivos como Alexa, con el doble propósito de entrenar, tanto a la gente como a los algoritmos, en pedir y reconocer la marca.

Fragmentación y marcas chicas

El proceso de digitalización, expansión de la conectividad y las nuevas tecnologías *maker* han posibilitado y generado, por primera vez en la historia de la humanidad, una democratización de las formas de producir, comunicar, intercambiar y hacer transacciones de bienes y servicios. Hoy, por primera vez, cualquiera puede producir en su casa gran variedad de productos al contar con la información necesaria y nuevas formas de producción, como la impresión 3D o tecnologías similares. Cualquiera de nosotros puede promocionar, ofrecer y comunicar sus productos a partir de las redes sociales; puede hacer transacciones a partir de las nuevas formas de pagos digitales. Cualquiera puede crear un esquema de distribución apoyado en plataformas de última milla o soluciones similares. Todo esto acompañado de modificaciones regulatorias e impositivas que promueven los emprendimientos, incluso cambios culturales y generacionales que priorizan la autonomía.

Y esa democratización de la producción, comunicación, transacción y distribución va generando un impacto enorme en el universo de las marcas. Día a día emergen, constante e incansablemente, nuevas marcas chicas, a una escala pequeña. Las marcas grandes, históricas, han dominado el mercado sobre la base de grandes estructuras de producción masiva, de inversiones millonarias en medios masivos de producción, con infraestructuras logísticas y de distribución. Esa grandeza fue siempre su ventaja competitiva. Pero el mercado y sus condiciones históricas han cambiado.

Las marcas chicas cuentan con ventajas competitivas. Frente a una sociedad (y demanda) fragmentada en diversos estilos de vida y burbujas sociales, esas marcas conectan y dialogan de una manera más creíble y relevante que las grandes. Al ser pequeñas, cuentan con la agilidad y capacidad de escucha, de adaptación y cambio propias de las estructuras chicas. Por lo tanto, los desafíos de las grandes empresas y marcas radican en cómo superar la credibilidad y precisión en el diálogo con los consumidores que poseen las marcas chicas, cómo lidiar con su agilidad y capacidad de adaptación.

Adquirir las pequeñas marcas ha sido una de las estrategias ya puesta en marcha por las grandes empresas; consiste en comprar pequeñas empresas y startups para ganar mercado y crecimiento. Esa adquisición ha sido realizada con mayor o menor éxito por diversas compañías; algunas integran la nueva marca, imponen una cultura y procesos diferentes, haciendo que poco a poco pierda su frescura y brillo inicial. Otras lo hacen con más cuidado, respetan la cultura menor, adquieren pero no la integran a su sistema y evitan asfixiarla. Un buen ejemplo en ese sentido es la unidad The Hive, creada por PepsiCo Norteamérica, cuya principal función es la adquisición y administración de empresas y marcas chicas.

Tal como dijo Seth Kaufman, presidente de PepsiCo North America Nutrition, en una entrevista de la revista *Fortune*[2]: "El mañana luce diferente, la escala se ve diferente. Somos muy buenos generando marcas basadas en grandes espacios, pero las principales oportunidades provendrán de espacios y conceptos chicos".

Pensar en post marcas

Históricamente las marcas han servido para concentrar la demanda de un bien o servicio antes que otros similares. Se buscaba concentrar la elección de los consumidores, la transacción y el vínculo para garantizar futuras elecciones y compras. Sin embargo, a partir de los nuevos mo-

---

2 https://fortune.com/2018/08/16/pepsico-the-hive/

dos de producción, distribución y compra de los contextos de vida digital aparecerán cada vez más nuevas modalidades de concentración de demanda que irán más allá de lo que hasta ahora hemos conocido como "marcas"; un esquema donde las marcas podrían pasar a un segundo plano o directamente desaparecer de la ecuación.

Una promoción de Rappi promete resolver el almuerzo por un costo fijo. Rappi crea un acuerdo con restaurantes cercanos para que puedan tener ofertas para satisfacer esas condiciones. Su poder de influencia es claro, y sobre esa base "el almuerzo Rappi" pasa a ser la opción inicial para el consumidor. Amazon produce sus propias recopilaciones y garantiza bajo el concepto de "Amazon *basics*" el abastecimiento periódico de productos básicos en cualquier oficina u hogar.

Las marcas blancas o propias hace décadas que están en el mercado. No es ninguna novedad. Pero el nuevo contexto de digitalización del mercado crea un novedoso concepto de marca propia apoyado, fundamentalmente, en la capacidad logística y de distribución de las plataformas de e-commerce. Es que, para el consumidor, la ecuación de valor es altamente ventajosa; esas propuestas poseen tres elementos que garantizarán la elección, tres cartas invencibles: precio (normalmente más ventajoso), tiempo (el propio brazo de distribución de la plataforma de e-commerce) y energía (el propio delivery que evita el trabajo de ir a buscar el tiempo comprado, pero también la energía del trabajo —a veces tedioso— de elegir ya que eso es resuelto por la propia plataforma). Por lo tanto, esa logística y distribución y su capacidad de influencia en los precios, son capacidades intrínsecas de esos minoristas digitales y se trasladarán como ventaja competitiva al universo de la construcción de marca.

Amazon, Rappi, Alibabá, Glovo y demás están compitiendo en el juego de las marcas. Los *retailers* de e-commerce reinventan de algún modo ese lugar de poder que el comercio minorista ha tenido históricamente en el mercado. Solo que lo hacen de una manera mucho más potente, completa y efectiva. Antes, los *retailers* tradicionales (*brick-and-mortar*) hacían uso de su espacio (ceder o no espacio) para ganar cualquier negociación con las empresas y desde ahí imponer condiciones. Ese poder, hoy, está en los minoristas del comercio electrónico multiplicado a otros niveles, donde su capacidad de influencia es infinitamente superior: concentración de la demanda en un canal de compra virtual, sistemas de pagos facilitados (electrónicos o efectivo) y alta tecnología centrada en la distribución y logística que garantiza la entrega en tiempos mínimos (frente a los cuales los sistemas de entregas a domicilio de los comercios físicos tradicionales se vuelven arcaicos).

Lo decimos de nuevo: Amazon, Rappi, Alibabá, Glovo y demás están compitiendo en el juego de las marcas. De hecho, según el estudio de marcas de Kantar MB publicado en 2019, Amazon ha sido elegida como la marca más valiosa del mundo. Un *retailer* a la cabeza del paradigma de las marcas: el juego de las marcas se vuelve una disputa por la concentración de la demanda.

No es casualidad que Unilever, una empresa icónica en cuanto al desarrollo de marcas, decidiera colocar su apuesta en el mundo minorista como marca de marcas. Tal es el caso de la plataforma lanzada recientemente en Colombia, *uin.com*. Básicamente, se trata de una plataforma de e-commerce que podría parecer poco original ya que casi todas las empresas han generado sus vidrieras virtuales para difundir y vender sus productos. Pero justamente *uin.com* se diferencia de esas iniciativas y entra de lleno en el juego de las marcas *retails*: la plataforma vende productos de diferentes empresas. Con una interface simple y amigable y formas de entrega y de pago simples, se trata de un sitio de venta en línea de todo el mercado de bienes de consumo de rápido movimiento (FMCGs - *Fast-Moving Consumer Goods*).

Los desafíos para las marcas tradicionales son fuertes y claros. ¿Cómo lidiar con esas nuevas modalidades de concentración de demanda? ¿Cómo evitar volverse meros proveedores de otras marcas minoristas o entidades que dialogan con el consumidor? ¿Por dónde pasarán entonces las posibilidades de continuar liderando el diálogo con el consumidor para garantizar su preferencia y elección?

Omnibrands

Nunca antes en la historia las marcas y sus contenidos han estado tan cerca, en tiempo y espacio, de la transacción, de la compra y el pago. Eso se debe a la posibilidad de existir simbólicamente en un entorno digital donde también la transacción comercial puede llevarse a cabo. Y eso cambia varias cosas. La principal es la relación inmediata entre la comunicación y la posibilidad de la compra: el contenido de la marca como gatillo de la compra, lo más abstracto y lo más concreto de una marca juntos, con apenas un click de distancia.

Otro nivel de cambio, es que el dispositivo de comunicación se vuelve más complejo respecto de cómo era tradicionalmente con un aviso: el mecanismo de comunicación y contenido queda descentrado y fragmentado: community managers, influenciadores, algoritmos, IA, memes, entre otros.

Una especie de paradoja: por un lado, marca y compra más cerca que nunca; por el otro, la marca pierde el control de su narrativa y se multiplican los engranajes que determinan su imagen y discurso. Podemos pensar entonces que pasaremos de un modelo tradicional, donde la comunicación de la marca y de la compra son instancias que suceden en espacios y canales diferentes, hacia una era de marcas ubicuas, constantes, que son parte de historias diversas y que tienen con la compra una relación directa e inmediata.

Algunas de ellas son marcas que nacieron digitalmente y que tuvieron, desde el primer momento, esa relación directa e inmediata entre comunicación y compra. Las marcas verticales digitalmente nativas (DNVB - *Digitally Native Vertical Brands*) cuyo modelo, tanto de comunicación como de comercialización, ha sido, desde el primer momento, directo al consumidor.

Estos modelos de marca cuentan con un control de toda su cadena. De hecho, ellas son "su cadena". No tienen intermediarios, ellas son su propio productor. Modelos de comercialización de marca directos (*Direct-to-consumer*), sin intermediarios. En términos de marketing, se enfocan en redes sociales y consiguen participar de los diálogos con consumidores de manera directa y creíble.

Esta combinación de productos, relaciones con el cliente y un canal de venta propio directo al consumidor, constituyen los activos de las marcas digitales nativas (DNVB). Y su valor de marca ha quedado claro a los ojos sorprendidos de todo el mercado: basta hacer referencia a un par de ejemplos de marcas nuevas como Warby Parker, valuada en 1.200 millones de dólares, o Dollar Shave Club, en 1.000 millones de dólares.

Aquí los desafíos también son importantes y disruptivos con respecto a las marcas y empresas tradicionales. ¿Cómo tener una consistencia de marca y experiencia sin el control total de la cadena de comunicación ni de producción? ¿Cómo superar en eficiencia, velocidad de respuesta, relevancia y costos? ¿Cómo lidiar con esas ventajas intrínsecas de lo digital?

A lo largo de los puntos anteriores hemos recorrido algunas de las complejidades y riesgos que afectan a la marca y al gerenciamiento de las marcas, tal como lo hemos conocido durante, al menos, varias décadas. El vínculo entre consumidor y marca empezará a estar cada vez más mediado, por algoritmos y por una pluraridad de voces de las redes sociales. Estará mediado por *retailers* que en sí mismos serán súper marcas concentradoras de demanda y con mucho poder en sus espaldas. También marcas en riesgo, por el constante surgimiento de otras chicas y/o nativas digitales que conectarán con el consumidor de una forma cercana y creíble. Los riesgos y desafíos de las marcas, de cara al futuro, son claros. Un vínculo descentrado en un entorno complejo, dinámico y atomizado en múltiples pequeñas marcas.

Más allá de esos desafíos, estos temas tienen sentido también desde una óptica de *shopper*, de *journey* de compra. La manera en que la gente compra, se informa y elige también cambiará en esa misma dirección. Los consumidores se informarán de una forma diferente, donde la narrativa de las marcas sale del control de quienes la administran, con información provista por las redes sociales o gerenciada por influenciadores digitales o generada por algoritmos, o dispositivos de asistencia por voz (tipo Alexa o Siri).

La sociedad comprará de otra manera e irá menos al canal de compra: el canal irá más hacia donde están los consumidores. Sistemas de delivery ultra veloces basados en última milla, de suscripción que facilitan la jornada completa y modelos de empresas que venden directamente al consumidor, serán atributos que con frecuencia observaremos en los próximos meses.

Los productos y los servicios se elegirán de otra manera. Los recursos técnicos, la IA y la *machine learning* facilitarán y simplificarán al extremo todo proceso de elección: procesos automáticos de compra, suscripciones periódicas.

En conclusión, los desafíos son complejos, múltiples, suceden simultáneamente en distintas dimensiones de construcción de marca, así como en diferentes momentos de la jornada de compra. Entender, decodificar y navegar esas complejidades y ese dinamismo será el rol de los marketers de las próximas décadas. Aprender nuevas formas de gestionar esa complejidad será tan importante como des-aprender otras tantas que ya no serán útiles ni vigentes. Queda claro, una vez más, que nuestra capacidad profesional como marketers se medirá por nuestra habilidad para interpretar el cambio, anticiparnos y adaptarnos.

CAPÍTULO 10

Fui monaguillo de un Papa, creeme

Por Santiago Olivera.

Publicitario, presidente VMLY&R Buenos Aires, director (y ex presidente) de la Asociación Argentina de Publicidad; director de Interact y de CONARP (Consejo de Autorregulación Publicitaria). Mientras estudiaba Publicidad en la Fundación de Altos Estudios en Ciencias Comerciales, Santiago realizó dos entrenamientos publicitarios en sendas agencias: J. Walter Thompson y Lautrec. Una vez egresado ingresó a Marcet & Asociados, una pequeña agencia local, como asistente de cuentas. Luego se desempeñó en el área de Cuentas y Planeamiento Estratégico, ocupando todas las posiciones posibles: ejecutivo, supervisor, director, director de grupo y director general en diferentes agencias: Ratto/BBDO, Y&R, Pragma/FCB, DDB, Savaglio\TBWA y Draftffcb. En 2010, fundó TBWA Buenos Aires, agencia de la que fue socio durante ocho años.

La irreversible pérdida del gran negocio y la necesidad de abrazar la tecnología y la tecnificación

Una noche de 1938, y de la nada, varios cientos de personas armadas salieron a las calles de Estados Unidos a combatir a los marcianos que invadían la Tierra. Munidos de escopetas y pistolas, grupos de granjeros salieron a la ruta y dispararon a las sombras. Con valijas hechas y niños al hombro, grupos de personas se refugiaron en una comisaría de Nueva York. También un hombre salvó de milagro a su esposa, que había tomado veneno para evitar ser capturada viva por los alienígenas.

Lo sorprendente —estamos hablando de la transmisión de "La guerra de los mundos" que hizo Orson Welles—, no es el hecho de que la transmisión tuviera tanto rebote, sino que la gente inundara las líneas de la policía y guardia nacional con avistamientos "reales" de marcianos. Los extraterrestres no estaban en la radio o en su imaginación. Estaban ahí, en el campo. Y ahí, también, en las afueras de la ciudad.

La radio era el mensaje, más que el contenido del mensaje, como elaboraría varias décadas después Marshall McLuhan.[1] No hacía falta que el mensaje fuera perfecto —la transmisión tenía algunos actores y efectos especiales de sonido, pero también mensajes de advertencia de que todo era ficción—, sino que alcanzaba con que el mensaje estuviera ahí. Si estaba en la radio, estaba en la realidad. Si se transmitía, funcionaba.

La potencia y penetración de la radio fue tan brutal que los gobiernos de todo el mundo intentaron controlar, amordazar o empujar al medio, según les conviniera. Como señala Tim Wu[2]: "La oficina de propaganda del Tercer Reich usaba equipos encargados de ir manzana por manzana obligando a las personas a encender la radio para escuchar al *Führer*". El dispositivo era sinónimo de escucha.

A otra escala y con otras consecuencias, lo mismo pasó con la publicidad. Desde 1870 hasta 1950 (aproximadamente), los productos y marcas no necesitaban hacer "buena" publicidad —diferenciada, creativa, impactante— para generar ventas, entrar en la mente del consumi-

---

1   McLuhan, M.; 2015.
2   Wu, T.; 2016.

dor y ganar mercados. Con hacer publicidad alcanzaba. A medida que los medios de comunicación se masificaban, la presencia de las marcas en sus espacios era sostén suficiente para que una marca fuera relevante, respetada y consumida. Es decir, para el consumidor, una marca que hacía publicidad era por carácter transitivo una marca de buen nivel, segura para ser consumida y valiosa. El cartel de *As Seen On TV* de los *retailers* de Estados Unidos —todavía se lo ve hoy— lo decía todo. "Si hace publicidad, no puede ser malo. Si no es malo, lo voy a comprar."

A medida que la publicidad se mostraba efectiva, crecía la inversión de los anunciantes. Movidos por el negocio creciente, los medios creaban más contenidos —y más submedios diversificados—, para captar la porción más grande de la torta. Con mayor oferta, el público consumía más medios y, por transitividad, más publicidad generaba mayor consumo.

Los medios como anomalía

Las agencias se dedicaban a su negocio, o sea a intermediar entre un anunciante y un medio. Eran agentes, como los de viaje y los de bolsa. Los negocios crecían, la rentabilidad aumentaba y los sueldos también. Era un mundo feliz. Pero había un problema clave: los medios, como los conocimos en el siglo XX, son una anomalía en la historia.

Como señala Ramiro Fernández: "Somos hijos de una anomalía. Siempre hubo redes sociales, pero por un tiempo muy chiquito entre 1915 y ahora, hubo la posibilidad de algo piramidal. Algo muy loco, y ahora volvió a la normalidad. Está claro que somos seres sociales y siempre hemos hecho uso de herramientas que tienen que ver con la posibilidad de comunicarnos más eficientemente, más rápidamente y más claramente. De hecho, existen dos clases de medios sociales: los que circulan horizontalmente (Twitter, Facebook) y los que circulan verticalmente (usted mismo leyendo este artículo que escribió una sola persona, pero que puede ser –ojalá– leído por muchas). Y si bien estamos muy acostumbrados a la segunda manera de transmisión de la información (la línea de tiempo imprenta-diario-radio- televisión) no podemos dejar de pensar que –en la escala de la historia– las estructuras verticales son una anomalía, una curiosidad que –los sociólogos del siglo XXXVII– podrán llamar "el corto período en el cual muy pocos hablaban y una gran mayoría escuchaba silenciosamente".[3]

O sea, la publicidad, durante la mayor parte del siglo XX también fue parte de la anomalía. Teníamos –gracias a los medios– una audiencia cautiva y la bombardeábamos de mensajes. Los mensajes publicitarios –igual que los mensajes de los medios– funcionaron: crearon tendencias, incentivaron el consumo, crearon marcas y armaron un negocio. Un gran negocio. Quizás, demasiado grande.

Es que nuestra anomalía no fue solo mediática, sino económica. Las grandes agencias del siglo XX con equipos de centenares de personas, edificios propios, secretarias, daiquiris, cenas, viajes y fiestas de lujo son –fueron– parte de una anomalía. Ninguna industria que haya prosperado entre los siglos XVIII y XX creció tan rápido en rentabilidad y en penetración como la publicidad. Ni los autos, ni el acero, ni la energía o la farmacéutica, cuyos ingresos también son altísimos, lograron ganar tanto dinero en tan poco tiempo.

Pero ya sabemos lo que pasa cuando alguien gana mucho dinero en muy poco tiempo. El nuevo rico gasta y gasta, sin reparar en inversiones o problemáticas futuras. Se embriaga y paga la embriaguez ajena. Se viste con ropas caras y también viste a los demás. Y durante años la publicidad se comportó de una manera tan conspicua –*spend, spend, spend*– que decidió regalar uno de sus principales activos: las ideas. Sí, regalamos las ideas.

Otra vez: regalamos las ideas. Si usted es abogado, economista, ingeniero, gerente de finanzas o de cualquier profesión que no sea pu-

---

3 Fernández, R.; enero 2017.

blicitaria le va a costar entender este concepto, así que voy de nuevo, despacio.

Hicimos de las ideas nuestro diferencial.
Y las regalamos.
Basamos nuestra industria.
en algo que regalamos.
Y además,
eso que era nuestro diferencial
no era nuestro core business
ni lo que querían nuestros clientes.
Pero aun así las producíamos.
Y eran carísimas.
Y aun así las regalábamos.

Si usted es publicitario, tengo una pregunta: ¿por qué hicimos esto?

El razonamiento —para mí— fue simple: inicialmente las agencias compraban espacios en medios, los vendían a anunciantes y recibían comisiones o bonificaciones. Los avisos los hacía el medio, con su *staff* de redactores y diseñadores. La torta publicitaria creció de tal manera que las agencias decidieron dar un *overservice* a los clientes. Imitaron el modelo de los diarios (departamento de redacción y departamento de arte) y comenzaron a hacer ellas mismas los avisos.

La cantidad de dinero que entraba era tan grande que comenzaron a conseguir y atraer cada vez mayor talento. Periodistas, escritores, poetas, pintores, diseñadores y *régisseurs* trabajaban en publicidad. Picasso, Hemingway, Mark Twain, Frederick Forthsyth, Maximilian Rodchnenko, Henry Matisse, Jorge Luis Borges, Bioy Casares y Alejandro Dolina hicieron publicidad. Y si, por ejemplo, un músico de Broadway trabajaba de día haciendo *jingles* para champú, ¿cómo podían ser esos jingles? Brillantes, maravillosos.

Lentamente, comenzó a crecer un ciclo delirante. Las agencias ganaban cada vez más dinero y con eso atraían cada vez a más talento. Las piezas eran cada vez más creativas y los anunciantes, que no las pedían pero las recibían con gusto, dado que era una plusvalía que venía gratis, las publicaban en radio, gráfica y luego televisión.

Los publicitarios, contentos y aturdidos por nuestro éxito, decidimos enfocar nuestro esfuerzo mental no en proteger esa industria, en levantar las barreras de entrada, en mejorar las prácticas profesionales ni en hacer sólidas financieramente nuestras operaciones. No. Nos enfocamos en "ser los más creativos". Hicimos de las ideas nuestro principal activo económico y simbólico, y luego lo regalamos.

O sea, decíamos: "Esto es lo que mejor hacemos, lo más importante que tenemos. Tomá, te lo regalamos". Yo no sé ustedes, pero no conozco ninguna profesión que haga eso. Fue un gran error regalar la creatividad. Pero no el único. Hubo uno peor: nos (auto) creímos la idea de que los anunciantes querían esa creatividad, que contrataban a las agencias por esa creatividad.

Lo más divertido que puede hacerse vestido

Pero los anunciantes nunca quisieron, nunca pidieron, nunca compraron, ni compran, ni piden, ni van a pedir, ni comprar esas ideas "creativas". (Hay excepciones, las veremos más adelante.) O sea, que los publicitarios creíamos que vendíamos ideas pero nunca las vendimos. Vendíamos servicio. Regalábamos las ideas y verbalizábamos que las vendíamos. ¿Escucharon alguna vez decir: "El cliente no nos compró la idea", o "Hay que vender mejor nuestras ideas"? Bueno, ahí lo tienen. Nuestra ilusión mental puesta en palabras.

Pero nunca vendimos ideas. Y los anunciantes no quieren ideas. Quieren publicidad. No es lo mismo. Nosotros armamos, inflamos y seguimos este delirio, y así proliferaron las academias de creativos, los libros para creativos, los festivales para creativos, los premios a la creatividad y otros innumerables espacios y contenidos para los creativos. No solo premiábamos los anuncios más creativos; también las agencias, las redes y hasta a los anunciantes más creativos.

Y no es que la creatividad sea una cosa mala en sí misma. Es simplemente que no es rentable. No es lo que los anunciantes buscan en una agencia (de nuevo, hay excepciones, ya vamos a ellas). Lo que los anunciantes buscan es un servicio de intermediación entre ellos y los medios. Lo demás, suma, pero no necesariamente agrega valor. "Si me lo das, genial. Si no, a mí con el aviso normal me es bastante." Y es cierto, porque con la publicidad, al igual que con la radio y los marcianos de Orson Welles, alcanza. Funciona sola, sea o no creativa. Gane premios en Nueva York o no los gane, nos lleve a comer *escargots* a La Croisette o no. Lo único que necesita la publicidad para funcionar es inversión en medios. Estar ahí, pico y pala, taladrando al consumidor.

Por eso decimos que la publicidad es el mensaje. No es un sonido biaural o luz ultravioleta que solo se registra si tiene determinado contenido (o amplitud de onda). La publicidad se ve, se escucha y funciona siempre. Solo necesita un combustible para andar, y ese combustible se llama inversión en medios.

Llegamos entonces a 1990 en un clima ideal para crear la tormenta perfecta. Varias generaciones de profesionales acostumbrados a ganar paladas de dinero trabajaban en una profesión que era "lo más divertido que puede hacerse vestido"; las agencias se hacían poderosas y se expandían por el mundo como los bancos o las transnacionales de alimentos, bebidas y limpieza (que venden productos hipermasivos, no servicios). Donde miraras en la publicidad veías edificios gigantes, autos caros, ropas excéntricas, chicas hermosas, tipos facheros, estilos de vida de *playboys*, festivales glamorosos, comisiones del 17,65% sobre la inversión en medios, bonificaciones y descuentos por volumen. Un río de dinero y de éxito que se sumaba al clima económico y político que venía desde los 80 con los *Reaganomics* en Estados Unidos, las privatizaciones a nivel mundial, la *Cool Britannia* de Margaret Thatcher, los "dorados noventa"[4] de Clinton, la *perestroika* y la *glásnost*. ¿Qué podía salir mal? Bueno, todo.

Primero vino la rebelión de los clientes. Como dijo un publicitario argentino: "En los años 80, mientras nosotros estábamos de fiesta, los anunciantes estaban estudiando". Y un día los CFO (*chief financial officers*) de los grandes anunciantes comenzaron a pedirles a las agencias el porcentaje que ganaban como bonificación de los medios. Luego, se comenzó a discutir y a avanzar sobre la comisión de 17,65% por inversión en medios, que era el equivalente biológico de que un día la atmósfera dejara de tener 21% de oxígeno y pasara a tener, de a poco, 20, 18 y así.

A esa movida, las agencias y algunos grupos de ejecutivos respondieron creando la némesis que terminaría con el negocio grueso de las agencias: las centrales de medios. Empezó en Francia, con Carat, y se expandió como pólvora, comiéndose todo el oxígeno, el agua, el pasto; todo lo que alimentaba a las agencias.

Y finalmente, un grupo financiero (WPP) comenzó a ver con ojos de financista la actividad publicitaria. Le sacó lo poco que le quedaba de artesanal y la transformó en una actividad de mercado, con *holdings*, grupos, fusiones, adquisiciones y cotización en bolsa, que exige un *bottom line* de dos dígitos anuales. De no haber sido WPP habría sido Morgan Stanley u otro, pero tarde o temprano iba a pasar que las altas finanzas se interesaran en nuestro negocio. Y pasó.

Ahí se vino todo cuesta abajo. Mientras el alud avanzaba, las agencias probaron todo lo que encontraron para salvarse y salvar su negocio. Compraron *shops* creativos, despidieron gente, se fusionaron entre sí, *juniorizaron* la profesión, tomando personal cada vez más joven e inexperto, pero también más barato (que una vez que crecía se hacía caro, era despedido y alimentaba el mercado de profesionales *freelance* y estudios pequeños que les comían el negocio a las agencias grandes), y

---

4 Stiglitz, J.; 2003.

obviamente buscaron todos los mecanismos nuevos de remuneración posibles: *fee*, pago por resultados, comisiones + *fee*, honorarios según horas/hombre, canjes, lo que fuera.

Sumémosle a esto otro factor: la cantidad impresionante de agencias *full-service*, *online*, estudios de diseño, estudios creativos, agencias BTL (*below the line*), de promociones (que también hacen diseño y publicidad), *hot shops* creativos, *innovation houses* y demás variedades que tiene el mercado.

Esto es demasiado

Podemos decir que esta situación se debe a tres razones: primero, lo que decíamos antes, la mano de obra despedida de las agencias que sigue en el mercado y arma sus agencias propias; segundo, la gigantesca torta de la publicidad atrajo a muchos comensales a la mesa, y cuando la torta se achicó los comensales no se fueron, sino que empezaron a despedazarse entre ellos por una porción, y tercero, los anunciantes, que aprovecharon estos dos factores para conseguir más trabajo con menos costos.

Además, es pasmosa la facilidad con la que se puede armar una agencia de publicidad. Tal vez no una mega agencia de doscientas personas, pero una agencia de publicidad no es algo tan complejo de organizar y montar. Definitivamente, es más fácil que una automotriz, una aerolínea o un laboratorio farmacéutico.

Las barreras de entrada al mercado son relativamente bajas (*know-how*, computadoras, *e-mail*, capital financiero para cubrir la pauta frente a los medios y no mucho más), y las de salida son todavía más bajas. Si se cierra una agencia, se pagan las indemnizaciones, se paga a medios y proveedores, se rescinden los contratos de alquiler y no hay mucho más. Nuestro principal insumo de trabajo —las Mac— pueden usarse en cualquier lado y para cualquier cosa.

Y si lo pensamos desde el esquema de las fuerzas competitivas de Porter, nos damos cuenta de que estamos rodeados por todos los flancos: somos completamente vulnerables a entradas de servicios sustitutos (Accenture, ¿les suena?); al poder de los consumidores, en nuestro caso los anunciantes; a que la entrada de los competidores es permanente gracias a que tomamos *juniors* y despedimos *seniors*; a que los proveedores tienen un poder de negociación muy fuerte (¿alguna vez negociaste pauta con *Clarín*?), y, obviamente, a que la competencia intrasectorial es feroz.

Pero todavía no vimos lo peor. Bueno, sí: acá viene lo peor. Al cambio sísmico en el negocio hay que sumarle el cambio en la disciplina que tiene lugar con la llegada de Internet. No vamos a entrar en profundidad en este ensayo en esa parte (para eso habrá tiempo), pero digamos que lo que pasó es como el terremoto de Japón en 2008: terremoto primero, tsunami después. Si no te matan las cosas que se caen del techo, te arrastra la ola.

Y es en este momento, entre fusiones y adquisiciones, despidos, pérdida de rentabilidad, cuentas que no cierran, consumidores incomprensibles e inalcanzables, y anunciantes que jamás están satisfechos (y con razón), cuando los publicitarios nos despertamos y nos damos cuenta de que se cayó el telón. La verdad está desnuda, ahí delante de nosotros, *"the cat is totally out of the bag"*, como dice Al Pacino en el film *El Informante*. Y la gran mayoría de los líderes del mercado se preguntan —incluido yo hasta hace poco—: "¿Cómo fue que llegamos a esto? ¿Cuándo fue que perdimos el corazón del negocio, la rentabilidad y nuestra posición empresarial?".

Y yo creo que fue precisamente cuando logramos tener el corazón y el músculo del negocio, la mayor rentabilidad y un lugar en la gran mesa empresarial. No solo nos la creímos —pensamos que estábamos al nivel de las megacorporaciones, como las farmacéuticas, automotrices, tecnológicas, energía o industria pesada—, sino que estábamos seguros con nuestro propio invento, la ilusión mental de que nos compraban ideas, creatividad e impacto. Y no. No, no, no y no. Los anunciantes estaban bien si se lo regalábamos. Pero no era lo que querían, querían fuerza bruta, no ballet. *El Lago de los Cisnes* les venía bien porque venía de regalo, pero no era lo que querían. Querían que les construyéramos un galpón, fuerte y resistente, no el Louvre. Y nosotros nos creímos que teníamos que ser Louis Perrault y Ieoh Ming Pei, y no era así.

Otra vez: no vendemos ideas. Nunca las vendimos. Vendimos servicio. Seguimos vendiendo servicio. De hecho, muchas veces el anunciante se fastidia con nuestras ideas. Se les van de *brief* cuando llega el pedido de: "Comunicar que rebajamos los tomates 15%", o "La nueva camioneta tiene una parrilla y guardabarros nuevos" y las agencias les vamos con "Vamos a filmar con Christopher Nolan una versión de Interstellar 2, Matthew McConaughey en la nave intergaláctica eligiendo el tomate de Eki en vez del tomate hidropónico de la NASA y con una banda de sonido de Hans Zimmer en vez del *jingle*". Y el cliente solo podía pensar que: uno, éramos idiotas que no entendíamos un *brief*, o dos, que la producción de esa idea les salía más cara que la rentabilidad que obtenían al vender todo el *stock* de producto.

Y las agencias insistíamos y le seguíamos llevando ideas; y los creativos aprendían ruso, chino y arameo solo para poder insultar en varios idiomas a los clientes; y los de Cuentas vivían atrapados entre la espada y la pared haciendo de resorte, yendo y viniendo con el *brief* y con nuevas ideas "cada vez más jugadas, ¿entendés?, porque esa es la forma de educar al soberano", en vez de dedicarse a lo que tiene que hacer una persona de Cuentas que es mantener alto el servicio al cliente, dar soluciones en tiempo y forma y, sobre todo, detectar y generar oportunidades de negocios y hacer rentables las cuentas.

Un ex publicitario me cuenta que en medio de la crisis económica post-2001, en marzo de 2002, una de las tres agencias más importantes del país juntó a todo su personal y mostró un chart impresionante: había un 35% de facturas por emitir, y la agencia se había perdido de facturar 1,5 millón de dólares que, tras la devaluación, ya no eran más pesos-dólares de la convertibilidad, sino solo pesos (y en algunos casos Patacones, esa cuasi moneda que reemplazó al peso durante varios meses). Y un director de Cuentas –que manejaba la cuenta de una automotriz líder– dijo: "Estamos todo el día con los *briefs* porque queremos enchufarles la creatividad nueva a los clientes y nos olvidamos de cobrar".

Y fue entonces cuando nos dimos cuenta de que nos habíamos caído al pozo. Vendíamos espejitos de colores, ¡pero a nosotros mismos! El cliente venía por pizza de muzzarella, porque con la pizza de muzzarella le funcionaba todo bien, y nosotros le regalábamos una sopa Vichysoisse y nos decíamos: "¡Qué grandes *soupiers* y *sauciers* somos!, dediquémonos a la sopa". Pero no engañamos al cliente, sino a nosotros mismos. Nos automentimos, vivimos equivocados, armamos un laberinto y ahora no sabemos cómo salir.

Bueno, yo tengo una idea de cómo salir. Dolorosa, pero efectiva. Agarremos un bidón de nafta y una antorcha y prendámosle fuego al laberinto. Empecemos por dejar de preguntarnos el porqué de la coyuntura, sigamos por aceptarla y hacerla carne, y finalmente cerremos el proceso reenfocándonos en lo que tenemos que hacer y no en lo que queremos hacer.

Apple, ayúdanos

Es simple. En psicología se llama Principio de realidad. Demos el primer paso entonces y aceptemos nuestra realidad. Cuando Steve Jobs volvió a Apple en 1997, con la empresa a 90 días de quebrar, se reunió con el equipo financiero y después con el equipo de diseño. Miró las cifras y los productos, y les tiró dos frases. Una: *"Well fuck, you haven't been very effective, right?"* (algo así como: "Bueno, mierda, no has sido muy efectivo, ¿verdad?). Y dos: *"You know what? Let's get rid of all the shit and just focus on what we are good at"* (algo así como "¿Sabes qué? Vamos a deshacernos de toda la mierda y centrarnos en lo que somos buenos").

Después siguió frente al directorio: *"Apple is executing wonderfully on many of the wrong things. What I found is rather than anarchy, I found people who can't wait to fall into line behind a good strategy. There just hasn't been one. Apple needs to find where it is still incredibly relevant and focus on those areas. It needs to figure out what its core assets are and invest more in them. And it needs to define some new product paradigms"* (algo así como "Apple está ejecutando maravillosamente muchas de las cosas equivocadas. Lo que encontré es bastante anarquía, encontré personas que no pueden esperar para alinearse en una buena estrategia. Simplemente no ha habido ni uno. Apple necesita encontrar dónde sigue siendo increíblemente relevante y centrarse en esas áreas. Necesita descubrir cuáles son sus activos principales e invertir más en ellos. Y precisa definir algunos nuevos paradigmas de productos").

Así nació el famoso cuadrante de Apple, dividido en los segmentos *Pro* y *Consumer* y en los productos *Desktop* y *Portable*. Bueno, este es el cuadrante de la publicidad hoy: no hay cuadrante. Hay dos columnas. Una dice Servicios y otra dice Creatividad. La primera es *mid-long range*. La segunda es *one-shot-projects*.

O sea, hay dos tipos de agencias: *Idea-Based* por un lado, y *Service-Based* por el otro. El primer modelo funciona para el 5% de los anunciantes, de los mensajes y de las agencias. El resto es de servicios. Estos dos modelos no salen porque sí. Existen dos tipos de anunciantes, los "normales", es decir, con problemas de comunicación de marcas normales y habituales, y los anunciantes con problemas "especiales". Vamos a entrar en detalles y ejemplos de este segundo tipo algunos párrafos más adelante.

Pero primero lo primero: aceptemos la realidad. Tenemos que repetirnos esto muchas veces, como en terapia: no somos empresas de valor agregado e ideas. Somos, fuimos y vamos a seguir siendo empresas de servicio. Brindamos un servicio, nos compran un servicio, nos buscan por ese servicio.

Y tenemos que dejar de debatir si "las ideas creativas venden mejor porque se recuerdan más". Es obvio que eso es así, pero no es lo que los anunciantes quieren. Estamos debatiendo el color de los escudos, con Aníbal a las puertas de Roma. No hay más tiempo de debatir nada y sería genial tener el tiempo, pero no está. Aquí y ahora, el punto es que la mayoría de las agencias le vendemos a la mayoría de los anunciantes un servicio simple: avisos y pauta. Punto. Repitámoslo como un mantra: "Vendemos servicio: avisos y pauta. Nos compran servicio: pauta y avisos". Hacer esto es fundamental para volver a cero, y es el primer paso de nuestra sanación como mercado.

Tenemos una ventaja: no somos una industria que desaparece, como los cocheros de carruajes o los lecheros puerta a puerta. Los anunciantes todavía nos necesitan. Y cuando hacemos bien nuestro trabajo —porque eso somos, no *rockstars*, sino profesionales al servicio de otros, que tenemos un trabajo por hacer— nos vuelven a llamar, nos contratan y nos respetan.

Y en este momento es que tenemos que empezar a diferenciar nuestro cuadrante de negocios. Volvamos: hay dos tipos de anunciantes: los "normales" y los "especiales". Los "normales" están dentro de la norma estadística. Tienen los mismos problemas, necesidades y recursos que el 95% de las marcas; digamos que, de las 3.000 marcas que hay en Argentina que anuncian, son más o menos 2.850, y en el próximo párrafo las analizamos.

El 5% restante son anunciantes "especiales". O sea, 150 marcas que tienen problemas fuera de la normal estadística: por ejemplo, tienen que crecer en mercados ultracompetitivos (caso UnderArmor compitiendo con Nike) o pelear contra gigantes (localmente, Mostaza con McDonald's), o con búsquedas de posicionamiento en nichos muy difíciles de alcanzar (Red Bull); o marcas establecidas pero con necesidades muy puntuales de comunicación, que requieren soluciones únicas y altamente creativas (Unilever y el lanzamiento de su plataforma de sustentabilidad y la campaña "*Why Bring a Child Into This World?*" de David; o Coca-Cola con "Para todos" del publicista Martín Mercado). O finalmente categorías y sectores enteros que tienen que reubicarse en la mente del consumidor, por ejemplo los bancos argentinos recomponiendo su relación con el consumidor después de 2001, y entonces aparece Banco Patagonia con toda su imagen de marca blanca, limpia, completamente despojada, algo único en la categoría, hecho por Diseño Shakespear; o Banco Hipotecario, con la campaña "Dueños", de Madre.

El modelo Madre

A lo largo de varias charlas con Alejandro Domínguez, ex gerente general de Madre y actual fundador de La América (para mí, uno de los mejores ejemplos de las agencias "paranormales"), me quedó claro cómo operan, funcionan y generan dinero. Su esquema no es muy distinto del nuestro en líneas generales, pero tiene diferencias de implementación.

En primer lugar, no trabajan en campañas (como yo también creía) sino que generan un trabajo mucho más a fondo, casi de consultoría. "Cuando participamos del concurso por Carrefour, hicimos diez reuniones con el cliente antes de presentar. Si no ganábamos, eran horas y horas de trabajo perdidas. Pero no podíamos pensar en una sola idea hasta no conocer a fondo su operación."

Ese nivel de involucramiento los lleva a trabajar en pocos proyectos y a generar pocos negocios, comparado con el resto de las agencias. Pero esos negocios son mucho más caros para el anunciante, aunque no necesariamente más rentables, porque el nivel de "cráneos" (en el caso de Madre, el mismo Alejandro, Sebastián Stagno y su *staff* compuesto casi en su totalidad de *seniors* o *semiseniors*) dedicados a cada proyecto.

Y como sus proyectos son más puntuales, más *one shot*, no necesariamente con una continuidad y muchas veces sin segunda etapa, evitan el *staff junior* o que no agrega valor. Y evitan el día a día y el trabajo *commodity*.

Esto genera un "círculo de *track-record*" que potencia su posicionamiento. "Nos buscan por nuestra experiencia y por el trabajo que tenemos hecho para otras marcas. Y nosotros trabajamos cada vez más en profundidad con el proceso de los anunciantes. Nos han venido a buscar por campañas para hablar de sustentabilidad y terminamos haciendo campañas y acciones de venta casi puras, donde el aviso era una consecuencia, un tema secundario que hicimos al final", me explicaba Alejandro.

Su futuro es incierto. "Todavía estamos buscando el modelo ideal que tiene que ver más con consultoría que con publicidad", dice Alejandro. Y yo creo que su futuro tiene que ver con un modelo de tipo *think tank* que incluya ingenieros, gente de recursos humanos o finanzas. Podrían hacer posiblemente un camino similar al de Accenture (consultoría —> publicidad), pero en sentido inverso (publicidad —> consultoría). Hasta ahora, estas agencias conforman entre el 10 y el 15% del mercado.

El modelo de agencia de servicios

Por otro lado estamos nosotros. Los casos "normales", con el 95% de las marcas del mundo que están bien, venden y se posicionan con publicidad simple. Trabajamos sobre la base de horas hombre, como Manpower o Adecco, colocando personal temporario *commodity* que brinda un servicio y cobramos horas/hombre por eso.

¿Ejemplos?, millones. Pero, entre ellos: Raid. Taladraron durante años con los dibujos animados de mosquitos pulverizados por el insecticida. ¿Funciona? Sí. ¿Vende? Todos los años, sin variar, todo el *stock*. ¿La gente conoce y reconoce la marca Raid? Perfectamente.

Otro: Taragüí. ¿Cuándo vieron un spot brillante y llamativo de Taragüí? Nunca. Otra vez, tomemos el examen básico del marketing: ¿funciona en el público objetivo? Sí. ¿Vende? Sin problemas. ¿La gente conoce y reconoce la marca Taragüí? Totalmente. Y es tan respetada que en el mundo existe una variedad de té llamada Taragüí, así como hay una Earl Grey o Darjeeling. Eso es una marca en acción, fuerte y próspera.

Es más, hay categorías enteras que funcionan así. El *retail*, por ejemplo. Abramos el diario del sábado. ¿Qué aviso bueno vieron de Garbarino, Carrefour, Coto o Walmart? Ninguno. Pura oferta, precio y fotos de celulares, asado y fideos. ¿Y alguien se olvida de que existe Garbarino? ¿O cuando pasa delante de un Walmart en la Ruta Panamericana dice "Mmmm... ¿qué será eso? ¿Un hangar?". No. Todos sabemos qué marca es, qué vende, cómo se posiciona, todo.

Y acá es donde nos agarra el mareo. Las agencias vemos que Mostaza hace campaña con un *celebrity*, o que Madre hace "Precios Corajudos" para Carrefour (un magnífico *one shot*) y en vez de pensar en términos de que "a McDonald's (o Burger) le alcanza con poner carteles en todos lados que digan Lunes, McCombo Hamburguesa $ XXX, Martes...", nos ponemos a tratar de venderle a McDonald's el aviso creativo e ideal con el falso argumento de que "Garbarino una vez (¡una vez!) hizo el spot con el profesor de *Volver al futuro*, y Carrefour está haciendo Precios Corajudos".

Pero esos son *one shots*. Anomalías marcarias para reposicionar, corregir rumbos, retomar el control de una categoría. Pero transformando la excepción en la regla, nos vamos de nuestro eje y perdemos rentabilidad, porque no podemos pagar el talento, ni las horas que insume ese ideal de ideales. Creemos que podemos, porque pudimos, pero no es así.

Un ejemplo: el ultra famoso aviso de Canal 13 para Fútbol que decía "... no me pidan que cabecee". Lo que necesitaba la marca era, simplemente decir "Tenemos más y mejores cámaras para transmitir fútbol". Nada más. Es más, fue un trabajo de posicionamiento de su nueva imagen (de Canal Trece a El Trece), pero a nivel transmisión no le hacía falta hacer semejante aviso. El *rating* estaba asegurado, la audiencia también; y si al empezar la transmisión el comentarista Macaya Márquez hubiera dicho "Tenemos más y mejores cámaras" alcanzaba, porque el beneficio estaría ahí, tangible a los ojos del público.

Ahora, pensemos desde la agencia, Young & Rubicam, que hizo el aviso. Lo que Young quería era mostrar potencia creativa y desplegó un talento inusual, que hoy no se podría pagar ni en sueños. Con creativos exitosísimos, como Hernán Ponce, Carlos Bayala, Ramiro Agulla, Carlos Baccetti, Álvaro Fernández Mendy. De verdad, ¿alguien hoy podría o querría pagar ese *dream team*? No.

¿Y por qué no podría pagarlo? Porque esa época iluminista, esa *belle époque*, ese *Rinascimento* terminó, pasó; y después de la embriaguez de la anomalía, las agencias, es decir, el "normal" de las agencias, volvemos a nuestro lugar en el mundo, como empresas de servicio. Y así nos tenemos que posicionar, formatear y especializar. Claro, ahí están y van a seguir estando las agencias como Madre, David, Droga5, Santo y muchas otras. Su modelo de negocios es simple. Pero esas agencias no son la norma. La norma son las agencias de servicios, que vendemos las horas/hombre aplicadas.

¿Qué problema tenemos con el servicio?

Entonces, paso dos: tenemos que repensar nuestra estrategia de negocios. Volvamos a un modelo de negocio que nos ayude a salir de nuestra crisis, reacomodarnos financieramente, solidificarnos y eventualmente, después, crecer y expandirnos, si podemos. Y si no podemos, al menos ocupar bien nuestro lugar en el mundo. Como hacen los médicos, abogados o empleadas domésticas.

Y acá es donde otra vez nos topamos con un problema endogámico. Los publicitarios nos creemos *rockstars*, no nos gusta la palabra servicio. Nos sentimos mal, disminuidos. Como cuando, hace 60 años, en Estados Unidos ser publicitario era una de las profesiones con peor imagen que existían (detrás del vendedor de autos usados). Eso nos duele, nos pega en el ego. Queremos ser más, queremos vernos mejor. Por eso somos "creativos", decoramos nuestras oficinas con decenas de objetos *cool* y queremos salir en todos lados como *celebrities*.

El servicio es algo que no nos gusta demasiado. Quizá nos hace sentir menos importantes, nos hace darnos cuenta de que no somos especiales, sino parte de una larga cadena de valor de nuestros clientes y que estamos sometidos a la merced de los gustos y caprichos de otros. Pero lo cierto es que somos proveedores de servicios, formamos parte de una larga cadena de valor de los anunciantes y estamos sometidos a la merced de los gustos y, muchas veces, a los caprichos de otros: nuestros clientes.

Y así pasa con todas las empresas de servicios del mundo. Desde Goldman Sachs hasta los burdeles holandeses, pasando por Uber, los correos privados o la Cleveland Clinic. Si el cliente no está conforme, nos revolea. Si el cliente se encapricha, nos revolea. Si el cliente encuentra una oferta mejor, nos revolea. Si el cliente encuentra una oferta más atractiva, nos revolea. Si el cliente encuentra un servicio igual por menos precio, nos revolea. Si el cliente encuentra un servicio peor, pero necesita bajar costos, nos revolea también. Tenemos que asumir en carne propia, grabárnoslo con un hierro candente en la frente: somos prescindibles. Otro mantra: "Somos revoleables y vivimos felices con eso". Por la razón que sea, en el momento que sea, podemos perder el cliente, el negocio, todo.

Y nuestra única herramienta frente a eso es brindar un buen servicio. Muy bueno. No bueno como creativo. Bueno como ajustado a lo que necesita el cliente, brindado en tiempo y forma y con un precio razonable. Y retener al cliente con eso. No encuentro problemas con este planteo en otras industrias. De hecho, en países como Estados Unidos hay todo un sector llamado *service industry*. Abarca desde los banqueros de Wall Street hasta las niñeras a domicilio. Y a nadie le molesta ser parte de la *service industry*. Y de las principales 25 empresas más admiradas en 2017 según *Fortune*[5], hay 15 que son de servicios y la segunda es Amazon, una empresa 100% orientada a servicios (mandá un mail con un reclamo y fíjate la respuesta: *"We are working to make Amazon the best customer-centric services company"* (sic). Y la

---

5 http://fortune.com/worlds-most-admired-companies/list

primera es Apple, que vende productos, pero cuyos ingresos vienen casi en un 50% de servicios (Apple Music, iTunes, App Store, iCloud, Apple Pay y suscripciones), servicios que además crecen a un 18% anual, mientras que las ventas de productos llegan a su techo[6]. Y para Apple también es un desafío. Si el cliente se harta de iTunes o Apple Music, en un segundo se pasa a Spotify o de iCloud a Amazon Cloud. Mandá un mail con un reclamo y fijate la respuesta: *"At Apple, nothing makes us happier than keeping our customers satisfied and bringing the quality of service they deserve"* (En Apple, nada nos hace más felices que mantener satisfechos a nuestros clientes y brindarles la calidad de servicio que merecen).

Y nosotros vamos por el mundo haciéndonos los exquisitos, como si fuéramos un Picasso que le dice al cliente: "Este es su retrato, ahora, a parecérsele". No digo que vamos a ser Apple, pero sí digo que los servicios no son algo intrínsecamente malo ni denigrante, como parecemos creer. Y que nuestro modelo económico es tan real como inviable, tan anómalo como autodestructivo.

Un camino para sobrevivir

Y además, creamos lo que creamos, ese es nuestro camino y es mejor que lo aceptemos hoy, cuando medianamente estamos a tiempo de volantear, que mañana, cuando ya estemos con el iceberg en la proa. Somos una industria en crisis y, como dice Al Gore, "pasamos de negar nuestra crisis a enloquecer, sin el paso lógico intermedio de hacer algo al respecto".[7] Tenemos que trabajar mucho y muy profundamente en nuestra oferta de servicios para poder ser rentables. Tenemos que ser hábiles, serviciales (no serviles), flexibles, rápidos e inteligentes. Pero más que nada, día a día tenemos que evitar la embriaguez de los "años dorados"

---

6 TechCrunch.com, ReCode.com
7 Davis Guggenheim y Albert Gore, film: *An Inconvenient Truth (Una verdad incómoda)*, 2006.

y aceptar la realidad de una vez: somos empresas de servicios, como Adecco, como Morgan Stanley, como Swiss Medical, como McDonald's, como Amazon, como Harvard y la Universidad Di Tella. Y para brindar un servicio rentable, sólido y sostenible, no hay demasiados secretos. El modelo Harvard [8] es un mapa a seguir, con cuatro elementos: la oferta, que en nuestro caso son horas de trabajo en su mayoría "comoditizadas" (un ejecutivo de cuentas o un director de arte son fácilmente reemplazables); el modelo de financiación, que a nosotros nos representa un tema serio porque somos financieramente responsables frente a los medios por los avisos que cursamos; la gestión de los empleados que, como decía, en general representan activos reemplazables, y la gestión de los clientes, que es un desafío por dos razones: la amplia oferta de agencias en el mercado ofreciendo servicios muy similares y la alta rotación de gerentes y *brand managers* en los anunciantes.

No tenemos mucho que inventar a este nivel; miremos el modelo Harvard y podremos darnos cuenta de que "... el éxito de las empresas de servicios depende de un plan de trabajo que incorpora integralmente los cuatro elementos del diseño de servicios. Dentro de cada una de esas áreas, sin embargo, es difícil detectar mejores prácticas. Esto se debe a que todo el negocio depende más de la interconexión de los cuatro elementos que de cualquiera de los cuatro individualmente".[9]

Es decir, no podemos enfocarnos en una zona de confort y ser buenos en eso. Tenemos que convertirnos en grandes armadores, en químicos o alquimistas, siempre combinando los cuatro factores en su proporción correcta, en un mundo que cambia —parece un cliché pero no lo es— minuto a minuto. Y acá viene el paso tres: adaptarnos al mundo real. No solo cambió nuestro mundo, el mundo entero: todos los sectores, países, gobiernos e industrias cambiaron.

---

8   https://hbr.org/2008/04/the-four-things-a-service-business-must-get-right
9   Melamed. A.; 2017.

"La única certeza que tenemos es que no hay certezas". A esta situación se la suele describir como 'mundo VICA', un mundo volátil, incierto, complejo y ambiguo. Es extremadamente volátil porque cambia permanentemente: estás arriba y en un santiamén podés estar abajo. Segundo, si antes estábamos acostumbrados a que el médico tuviera ciertas certezas —así como el maestro, el juez, el cura o el periodista—, hoy a esas instituciones les han barrido el piso, su autoridad está en crisis, no hay certidumbres.

Por otra parte, la creciente complejidad de los fenómenos humanos nos deja desprovistos de las explicaciones usuales, hemos perdido la brújula, estamos desdibujados; en el idioma de la cancha se diría *en offside*. Luego, es un mundo ambiguo que oscila en cursos y recursos de una manera imprevisible. Pensemos en un tema de geopolítica mundial: ¿quién hubiera pensado que Irán tendría un rol preponderante en la problemática de los refugiados sirios, cuando antes era el enemigo número uno del mundo y nadie se sentaba a hablar con ese país? En este contexto... la agilidad deviene esencial.

Para decirlo en términos deportivos, diríamos que debemos estar livianos, rapiditos. Hay dos capacidades que tendríamos que impulsar: la capacidad de adaptación y la capacidad de cambio. ¿Cuál es la diferencia? La capacidad de adaptación permite adoptar rápidamente las mutaciones que nos toman por sorpresa; la capacidad de cambio es poder anticiparse a lo que está por venir. Adaptación es subsistencia; cambio es ventaja comparativa. El problema es que cada vez es más difícil estar un paso adelante, poder cambiar a tiempo.

¿Les suena? Bueno, esto es lo que dice Alejandro Melamed, consultor en RR.HH. especialista en disrupción y cambio organizacional. Melamed no está hablando de nuestra industria, sino del mundo en general. Y este es otro punto clave: los publicitarios nos creemos tan únicos, que nos parece que inclusive nuestras catástrofes nos ocurren solo a nosotros. "Las finanzas se metieron en nuestro negocio; Internet nos cambió todo; la rentabilidad se viene abajo; con suerte, crecemos a un 3% anual", decimos. Y no pensamos que esto también pasa en todos los niveles.

En 2008 desapareció Lehman Brothers, en 2009 Obama nacionalizó General Motors, Alemania le pegó un portazo a Grecia y casi desarma la Unión Europea, Islandia entró en un corralito, Estados Unidos casi entra en *default* y China frenó su expectativa de crecimiento, pasando del 9 al 5% anual. Los taxistas ahora compiten con Uber y hacen marchas en Buenos Aires, copan edificios en Madrid y casi queman el aeropuerto Charles de Gaulle en Francia, pero no pueden parar a Uber. Internet nos pasa por encima, la digitalización nos pasa por encima y la crisis financiera nos pasa por encima. De acá a un año el Reino Unido se va de la Unión Europea y en Washington hoy mismo pasean los neonazis con antorchas.

O sea, colegas, amigos, camaradas de armas, compañeros de presidio: el mundo es un caos. Y a pesar de eso, aquí seguimos los publicitarios, empacados en que las cosas vuelvan a ser como eran. Lindas, fáciles, con mucho dinero y yates y cocktails en el *roofgarden* de la Trump Tower.

Y si no aceptamos nuestra realidad, nos vamos a ir a pique. Este es el momento más inquietante, más crítico, más difícil, pero también más desafiante de la historia de la publicidad. Pero tenemos que admitir la realidad.

Así es que yo quiero ser el primero que se pare en nuestro círculo de terapia y lo diga: "Hola. Soy Santiago y soy un publicitario ideal-cohólico. Vendí ideas a anunciantes y debería haber vendido servicio. Me equivoqué y quiero cambiar". Listo, lo dije.

Ahora probá vos. No es difícil, no tiene que escucharte nadie. Encerrate en tu oficina o en el auto o en el baño y decilo. Simplemente decilo, dejalo salir. Metete en una iglesia o sinagoga o donde quieras, arrodillate, hacé de cuenta que estás rezando y decilo bajito. Fui monaguillo de un Papa, creeme, nadie se da cuenta.

Y después juntémonos y hagamos la terapia juntos. Porque si

no nos agarramos de las manos, nos abrazamos y lloramos un rato, y después de esa catarsis decimos: "Sí, sí, es verdad, los anunciantes no quieren ideas. La publicidad funciona sola, por repetición y somos una industria de servicios", estamos fritos. Perdónenme el academicismo.

Ahora, cuidado; tenemos una ventaja. A pesar de todo, no desaparecimos del mapa. Mal que mal, seguimos. Y de lo que tenemos que asegurarnos es de seguir en el bote, no caernos y afianzar nuestra posición lo mejor posible vendiendo lo que nuestra clientela quiere: servicio. Acá sí tenemos que ser extremadamente creativos, ingeniosos y exprimirnos el cerebro para generar las mejores ideas que salven y protejan el negocio.

Estamos en jaque igual que las aerolíneas, las cargas aéreas, el tabaco, los taxistas, las secretarias, los taquígrafos, los operadores de telégrafo y los lecheros. Pero a diferencia de ellos, tenemos la ventaja de que tenemos experiencia en hacer ejercicio creativo. Lo que tenemos que hacer es reenfocarlo en donde hace falta: sobrevivir. Y después, a vender mejores servicios. Debemos hacerlo, no es una opción, es una decisión. Porque es nuestra supervivencia la que está en juego. Estamos en la misma situación en la que estaban los lobos siberianos hace 30.000 años: los que se adaptaron a las tribus humanas sobrevivieron a la glaciación y se transformaron en los animalitos adorables y a veces peligrosos que hoy llamamos perros, y los que no se adaptaron desaparecieron como especie.

Y si yo pudiera elegir, preferiría ser un lobo estepario, fuerte, con garras y dientes, parado en la nieve, aullándole a la luna. Pero si la opción es extinguirme, prefiero convertirme en un ovejero alemán y seguir vivito, coleando y comiendo carne. Y si alguien quiere unirse a la jauría, me avisa. Porque la glaciación ya empezó.

Un *roadmap* para salvarnos

Después de escribir este ensayo se me ocurrió que podíamos necesitar un *roadmap*, un camino crítico, para modificar nuestra industria. Así que voy a ofrecer el mío, que implica hacer tres cosas; una es lo que decíamos antes: convertirnos en una industria de servicios, como tantas. Otra, es pasar de ser creativos a ser creadores. Y finalmente, abrazar la tecnología y la tecnificación.

Para convertir una agencia en una empresa de servicios lo primero que hay que hacer es personalizar la experiencia de nuestros clientes, intensificar el *client interface* y luchar día a día par a lograr de nuevo un lugar en la agenda del CEO del cliente. Si el CEO no está disponible, entonces del gerente comercial. No escondernos detrás de una cohorte de ejecutivos y asistentes de cuentas. Los gerentes de las agencias tenemos que estar ahí, al frente, en la trinchera. Segundo, tenemos que invertir recursos masivos de tiempo, infraestructura y dinero en innovar nuestros servicios. Imaginar que somos Apple invirtiendo en el iPhone y hacer lo mismo con nuestros servicios. Como hacen Netflix, Amazon y Virgin Group.

No te olvides de que el CEO de Shell pasa un día al año como playero, el de McDonald's uno en la línea de cajas como *crew*; Tim Cook atiende el 1-800-MY-APPLE dos veces al año, y Richard Branson toma el 50% de sus vuelos en Virgin Cabin Class o trabaja en el *checkin* de Heathrow y JFK. Pero además de poner los pies en el barro hay que adaptar nuestras estructuras, roles, cargos. Es terrible ver que las agencias ofrecemos el mismo servicio, con las mismas estructuras y los mismos roles de hace cincuenta o cien años. Tercero, tenemos que colocar los recursos de la forma más eficiente y eficaz posible. Nuestro único recurso es el humano, el talento y nuestros CHRO (*chief of human resources*) tienen que jugar un rol más importante en este nuevo mundo.

Para pasar de creativos a creadores, tenemos que haber hecho antes lo anterior. Porque implica dejar de hacer avisos para un producto, y pasar a hacer productos para marcas. Me refiero a Nike FuelBand, a Life Paint de Volvo o —localmente— a Pronto Shake (¿se acuerdan?). Ahora, R/GA no habría creado FuelBand junto a Nike si no hubiera habido una integración casi total entre agencia y anunciante. Dar servicio es estar cerca, involucrarse, opinar y meterse. Si estamos sentados, de brazos cruzados esperando que nos pidan "un aviso para..." estamos fritos. Tenemos que generar el "para" nosotros. Cuando hace unos años me reuní con Lee Clow (fundador de TBWA) me dijo de Steve Jobs: "No importa de qué tema habláramos, Steve siempre era el más inteligente, el que tenía las cosas más claras. De finanzas, diseño o recursos humanos. Él siempre era el más inteligente". Pregunto: ¿cómo sabía Lee eso de Steve Jobs? Porque TBWA —y Lee, particularmente— estaban completamente metidos en la operación de Apple. Y, para probar el punto anterior, ¿cómo era que Steve Jobs estaba en los temas de finanzas, recursos humanos o publicidad? No solo porque era el CEO de Apple, sino porque estaba involucrado hasta los huesos con su empresa. Este ejemplo muestra lo unidos que están estos dos puntos.

Y finalmente, abrazar la tecnificación. Los publicitarios amamos las metáforas y los ejemplos grandilocuentes. Y todo el tiempo hablamos de los *startups* y empresas de la *iEconomy*: AirBnb, WhatsApp y Uber. Y a veces decimos ¿cuándo le llega su Uber a la publicidad? Yo creo que no va a llegar, no es cuestión de que llegue. Hay que ir a buscarla y traerla.

En gran parte, la tecnificación ya avanzó mucho sobre la publicidad. ¿Cuántos empleos desaparecieron por causa de la tecnología? Fotolitero, pasador, corrector, secretaria de cuentas, por mencionar algunos. Cuando yo empecé en publicidad (esto ya lo dije en una charla, pero voy a repetirme), iba a Editorial Atlántida dos veces al día. Llevaba cosas, traía cosas. Hoy, un ejecutivo va una vez al mes al cliente, a lo sumo. Lo reemplaza el mail. Por ahora, reemplaza la ida y vuelta y el taxi. ¿Cuánto falta para que el email, o un chatbot reemplace al propio ejecutivo?

Entonces, ¿es un disparate pensar en una agencia de publicidad manejada por un operador de tecnología frente a una docena de pantallas que se ocupa de gestionar decenas de clientes a la vez? No. Así funciona el control de tráfico aéreo y marítimo; se controlan las plataformas petrolíferas y las autopistas. Así funcionan los tótems de Prosegur, que vemos en los edificios de todo el mundo, con cámaras, sensores y el vigilador en la pantalla; y así funcionan los chatbots de todas las empresas del mundo.

Lo que nos pasa a los publicitarios con esto es que tenemos miedo de quedarnos sin trabajo. Y lo que va a pasar es que muchos van a quedarse sin trabajo, muchos podemos quedarnos sin trabajo, y los gerentes vamos a tener que dejar a mucha gente sin trabajo. Pero si yo pudiera armar una agencia del futuro, la armaría completamente mediante inteligencia artificial. Iría en el mismo camino que siguieron Nutella en Italia y McCann en Japón. Le daría a un chatbot el día a día con el cliente; a un algoritmo la redacción y la dirección de arte del 90% de mis piezas, y a ejecutivos entrenados en resolver problemas primero, en detectar oportunidades de negocios después y en servicios al cliente por último.

Y aunque no hagamos la agencia de AI (o AIA), lo que sí tenemos que empezar a hacer es adoptar todos los procesos de las empresas de software: metodologías ágiles (Scrum, Kanban y Kintantei), poner al frente de equipos a *project managers*, poner a los COO (*chief operation officer*) al mismo nivel que los DGC (directores generales creativos), evitar el *bench* y el *overcrowding*, aprender a usar Zoho, Slack, Trello y Knime, y convertirnos en desarrolladores. No de software, sino de avisos.

Dejar de ser los paquidermos centenarios poblados de *Millennials*, que dan vueltas sin preparación ni escalafón que los ubique ni los potencie, y los guíe para que empiecen a ser startups; dejemos de pensar como *planners*, creativos o cuentas, y volvamos a pensar como publicitarios.

Y tenemos que volver a ser un mercado creativo. Eso es lo único que debemos añorar del pasado. La frescura, la inventiva, el ingenio para colarnos en las fisuras y hacer negocios. Muchos, gigantescos negocios. Y por sobre todas las cosas, tenemos que volver a amar lo que hacemos: dejar de protestar y de bufar. Esforzarnos por ser felices, amar lo que hacemos para caminar el kilómetro extra, trabajar el fin de semana extra, llevar la opción extra, comernos la cachetada extra y seguir adelante.

Ser felices en lo que hacemos. Mantenernos enfocados, ser fuertes y seguir adelante. Seguir adelante. Y seguir adelante.

¿Y el mundo digital?

Se preguntará usted, quizás, amable lector, por qué este texto en este libro. ¿No deberíamos estar hablando del mundo digital? Esa misma pregunta me hice yo cuando supe que Interact decidió publicar este libro en papel. Y la respuesta que tengo empieza por asumirnos como actores de esta industria y cuál es el rol que tenemos en ella. Durante mucho tiempo hemos creído que nuestro diferencial eran las ideas y que por lo tanto éramos parte de las industrias creativas. Y si bien es verdad que producimos, en muchísimos casos, ideas, lo cierto es que ellas tienen un valor relativo. Y su valor agregado también es relativo y aplicable a un porcentaje menor de todas las marcas que comunican.

Como hemos dicho, no solo las hemos regalado, sino que, cuando quisimos revertir esa práctica, no hemos podido ponerles un precio ni a lo que hacemos ni a las ideas que supuestamente entregamos a los anunciantes. Sin ánimo de ser dramáticos, simplemente recordar qué hacemos y quiénes somos porque la publicidad no desaparecerá, aunque puedan desaparecer las agencias.

Y es en ese sentido que creo importante que el sector de las agencias digitales reflexione sobre el accionar de las agencias tradicionales. Porque las agencias digitales han mirado a sus antecesoras con desprecio (son el pasado) a la vez que con embeleso (son glamorosas, ganan más dinero, recrutan más talento), sin darse cuenta de que se miran en un espejo que distorsiona.

Puedo afirmar casi sin equivocarme que las agencias digitales han surgido para resolver necesidades de las áreas de sistemas de los anunciantes, y desde allí se han movido hacia el marketing y la comunicación. En ese pasaje, han emulado a las agencias de publicidad. Y así como las agencias de publicidad han vivido muy confundidas respecto de lo que hacen y lo que venden —es decir, su producto— las digitales tendrán una imagen muy borrosa, confusa y distorsiva si buscan reflejarse en sus antecesoras.

Lo más importante que debemos tener en cuenta es que estamos en una industria de servicios y dentro de estos, de consultoría. Y si vamos a buscar espejos en donde mirarnos mi sugerencia es apuntar a un modelo de empresa que sea transversal a muchas industrias: los startups.

Los startups tienen las mismas necesidades que las agencias digitales: *hard need for cash burn*; captación y retención del talento; escalabilidad; hacerse rentables en márgenes de tiempo cortos; mercados estrechos. ¿Por qué no imitar su forma de trabajo ágil? No pensemos en los Uber, Amazon o Apple (ya no son startups), sino en los Rappi, Wobify, Grin. Ellos usan sistemas de producción y trabajo ágiles; no dudan a la hora de tomar talento, si32n prejuicios de si es joven, viejo o mediano, además de que luchan con los dientes por ese talento escaso; y no tienen miedo de pedir más: más *cash*, más inversores, más mercado. Son inconformistas, rebeldes frente al *status quo* y no tienen miedo de fracasar.

Quizás podríamos empezar a crear de nuevo el *ethos* de las agencias, digitales, analógicas, centenarias o *ultra-young*. Salir al mercado frescos, sin temores, sabiendo que, si perdemos, vamos a reinventarnos, y que, la verdad, honestamente, ya hemos perdido tanto estatus, dinero, posición y *pedigree*, que no podemos perder mucho más. Solo nos queda ir para arriba. Al menos hacia allá apunto yo.

Bibliografía

Álvarez Nobell, A. y Barroso, M. B.: "Biomímesis comunicativa: convergencia en la sociedad de la ubicuidad". En *Tendencias*, Universidad Blas Pascal, 2018. Disponible en http://www.ubp.edu.ar/investigacion/publicaciones-revistas/revista-tendencias.

Anderson, C. W.; Bell, E. y Shirky, C.: *Periodismo postindustrial. Adaptación al presente.* Tow Center for Digital Journalism, Columbia University, New York, 2012.

Arcos, E.: "Resulta que la gente lee noticias cuando Facebook se cae" (2018, 09 25) Obtenido de Hipertextual: https://hipertextual.com/2018/09/caida-facebook-impacto-medios-digitales-chartbeat

Barroso, M. B. y Álvarez Nobell, A. (2019): "Positive Communication for the Development of Triple Bottom Line (TBL) Companies", en: Ruiz-Mora, I. *et al.: Organizational and Strategic Communication Research: Global Trends*. Livros LabCom, Covilhã, 2019.

Becerra, M.: *De la concentración a la convergencia: políticas de medios en Argentina y América Latina*. Paidós, Buenos Aires, 2015.

Benyus, J. M.: *Biomimicry: Innovation Inspired by Nature*. William Morrow and Company Inc., Nueva York, 1997.

Bernat, L.; Mora, J. y Zuluaga, M.: "La elasticidad ingreso del consumo cultural en Cali", *Revista Universidad Externado de Colombia*, 2012. https://revistas.uexternado.edu.co/index.php/ecoins/article/view/3282/3135

Boczkowski, P. J.: "Reimagining the Media for Post-institutional Times", 1-12-2018. Obtenido de NiemanLab: http://www.niemanlab.org/2018/12/reimagining-the-media-for-post-institutional-times/

Borner, M. y Zerfass, A.: "The Power of Listening in Corporate Communications: Theoretical Foundations of Corporate Listening as a Strategic Mode of Communication", en Bowman, S. *et al., Public Relations and the Power of Creativity: Strategic*

Opportunities, Innovation and Critical Challenges, 2018. Disponible en: https://doi.org/10.1108/S2398-391420180000003001

Bowen, S. A.: "A Practical Model for Ethical Decision Making in Issues Management and Public Relations". *Journal of Public Relations Research*, 2005, DOI:10.1207/s1532754xjprr1703__1

Brasil, A.: "A performance: entre o vivido e o imaginado". XX Encontro Compós, Porto Alegre, 2011.

Bridges, J. A. y Nelson, R. A. (2000): "Issues Management: A Relational Approach", en Ledingham, J. A. y Bruning, S. D. (eds.), *Public Relations as Relationship Management: A Relational Approach to Public Relations*. Lawrence Erlbaum Associates, Inc., Mahwah, NJ, 2000.

Burke, A.: "The demand for vinyl L.P.s. 1975–1988", *Journal of Cultural Economics*, 1994. https://link.springer.com/article/10.1007/BF01207152

Cabrera, D. H.: *Lo tecnológico y lo imaginario. Las nuevas tecnologías como creencias y esperanzas colectivas*. Editorial Biblos, Buenos Aires, 2006.

Camps, S.; Álvarez Nobell, A.; Cambareri, L. y Riorda, M.: "Comunicación de instituciones, empresas y gobiernos en situaciones de desastre", *RevCom*, 3, 2017.

Capriotti, P.: *La imagen de empresa: estrategia para una comunicación integrada*. El Ateneo, Barcelona, 1992.

Castells, M.: *Comunicación y Poder*. Alianza, Madrid, 2009.

Castillo, A. y Álvarez Nobell, A.: *Evaluación en comunicación estratégica*. McGraw Hill, Madrid, 2015.

Cazeneuve, J.: *La sociedad de la ubicuidad*. Gustavo Gili, Barcelona, 1978.

Cerezo, P.: *Los Medios Líquidos*. UOC (Universitat Oberta de Catalunya), 2019.

Chen, G. M.; Curry, A. y Whipple, K.: "Building Trust: what work for news organizations", feb. 2019. Obtenido de Center for Media Engagement: https://mediaengagement.org/wp-content/uploads/2019/02/CME-Report-Building-Trust.pdf

Chyi Iris H.: *Trial and Error: U.S. Newspapers' Digital Struggles toward Inferiority*. The University of Navarra, Spain, 2015.

Coelho, T.: "Performance e um outro sentido de cultura", en: Mostaço, E. (org.), *Sobre performatividade*. Letras Contemporâneas, Florianópolis, 2009.

ComScore (2011/2012) "Device Essentials: Internet Desde Dispositivos Móviles" https://www.comscore.com/lat/Prensa-y-Eventos/Presentaciones-y-libros-blancos/2012/Internet-Desde-Dispositivos-Moviles

Convenio Andrés Bello: "Guía metodológica para la implementación de las Cuentas Satélite de Cultura en Iberoamérica", http://convenioandresbello.org/inicio/wp-content/uploads/2015/10/guia_metodologica_digital-final.pdf

Coombs, T.: "Crisis Management: Advantages of a Relational Perspective", en Ledingham, J. A. y Bruning, S. D. (eds.), *Public Relations as Relationship Management: A Relational Approach to Public Relations*. Lawrence Erlbaum Associates, Inc., Mahwah, NJ, 2000.

Cornélio Diniz, S. y Machado, A. F.: "Analysis of the consumption of artistic-cultural goods and services in Brazil", *Journal of Cultural Economics*, 2011. https://link.springer.com/article/10.1007/s10824-010-9129-8

Criado, M. Á.: "La imprenta, la radio o la televisión generaron sus propios famosos". Diario *El País* (España), 22 de febrero de 2019. Obtenido de https://elpais.com/elpais/2019/02/20/ciencia/1550651024_330137.html

Crozet M. y Milet, E.: "Should everybody be in services? The effect of servitization on manufacturing firm performance". Artículo en *Journal of Economics & Management Strategy*. Wiley Periodicals, Londres, 2017.

Debord, G.: *A sociedade do espetáculo*. Ed. Contraponto, Rio de Janeiro, 1972.

Dessein, D. y Roitberg, G.: *Nuevos desafíos del periodismo*. Ariel Adepa, Buenos Aires, 2014.

Digital News Report 2018. Reuters Institute for the Study of Journalism.

Dörr, K. N.: "Mapping the Field of Algorithmic Journalism", *Digital Journalism*, 1-23, 2015. doi:10.1080/21670811.2015.1096748

Edgerly, S.: "It's Time to Understand the Un-audience", 23-12-2018. Obtenido de NiemanLab: http://www.niemanlab.org/2018/12/its-time-to-understand-the-un-audience/

Ehrenberg, A.: *O culto da performance: Da aventura empreendedora à depressão nervosa*. Idéias & Letras, Aparecida, SP, 2010.

Fernández, R.: "Tecno-pánicos ¿por qué tememos a lo nuevo?", TEDxRosario, enero 2017. https://www.youtube.com/watch?v=lMhxxv8pPYA

Fernández Blanco, V. y Baños Pino, J.: "Cinema Demand in Spain: A Cointegration Analysis", *Journal of Cultural Economics*, 1997. https://link.springer.com/article/10.1023/A:1007374611642

Fox, E. y Waisbord, S.: *Latin Politics, Global Media*. University of Texas Press, Austin, 2002.

Gabler, N.: *Vida, o filme: como o entretenimento conquistou a realidade*. Companhia das Letras, São Paulo, 1999.

Garbouaa L. y Montmarquette C.: "Microeconometric Study of Theatre Demand", *Journal of Cultural Economics*, 1996 http://citeseerx.ist.psu.edu/viewdoc/download?-doi=10.1.1.383.8254&rep=rep1&type=pdfr

Gobé, M.: *Emotional branding: the new paradigm for connecting brands to people,* Sky Horse Publishing, 2010.

Goffman, E.: *A representação do eu na vida cotidiana.* Vozes, Petrópolis, 1985.

Grandien, C. y Johansson, C.: "Organizing and Disorganizing Strategic Communication: Discursive Institutional Change Dynamics in Two Communication Departments", *International Journal of Strategic Communication,* 2016. doi: 10.1080/1553118X.2016.1196692

Hang, S.: "YouTube Outage Drives 20% Increase in Traffic", 23-10-2018. Obtenido de Chartbeat blog: http://blog.chartbeat.com/2018/10/23/youtube-outage-traffic-increase/

Harari, Y. N.: *21 lecciones para el siglo XX.* Penguin Random House Grupo Editorial, España, 2018.

Heath, R. L.: *Issues management: its past, present and future.* Henry Stewart Publications, 2006.

Heilbrunn, B.: *La performance, une nouvelle idéologie?* La Découvert, París, 2004.

Holtzhausen, D.: "Datafication: Threat or Opportunity for Communication in the Public Sphere?", *Journal of Communication Management,* 20(1), 2016. doi:10.1108/JCOM-12-2014-0082

Informe del Observatorio de Medios, Democracia y Ciudadanía de la Universidad Juan Agustín Maza de Mendoza, 2017 y 2018, Mendoza.

Instagram Info Center: "Instagram Year in Review 2018", 12-12-2018. Obtenido de Instagram Press: https://instagram-press.com/blog/2018/12/12/instagram-year-in-review-2018/

Instagram para Empresas: "Instagram llega a mil millones de cuentas activas y presenta IGTV", 22-6-2018. Obtenido de Blog para Empresas: https://business.instagram.com/blog/la-igtv-1b/

Instituto Nacional de Estadística y Censos - INDEC (1996/1997 - 2004/2005 - 2012/2013) "Encuesta Nacional de Gastos de los Hogares (ENGHo)".

—INDEC (2011 / 2015) "Encuesta Nacional sobre Acceso y Uso a las Tecnologías de la Información y la Comunicación", https://www.indec.gov.ar/informesdeprensa__anteriores.asp?id__tema__1=4&id__tema__2=26&id__tema__3=71

—INDEC (2016 /2017) "Acceso y uso de tecnologías de la información y la comunicación. EPH" https://www.indec.gov.ar/informesdeprensa_anteriores.asp?id_tema_1=4&id_tema_2=26&id_tema_3=71

— INDEC (2017) "Encuesta Permanente de Hogares (EPH)".

Islas, O.: "La sociedad de la ubicuidad, los prosumidores y un modelo de comunicación para comprender la complejidad de las comunicaciones digitales. *Razón y palabra*, 13(65), 2008.

Jaguaribe, B.: "Autobiografia e nação: Henry Adams e Joaquim Nabuco", en: Giucci, G. y Diaz, M. (orgs.). LeViatã, Rio de Janeiro, 1994.

Jeudy, H.-P.: *O corpo como objeto de arte*. Estação Liberdade, São Paulo, 2002.

Jones, A.: *El cuerpo del artista*. Phaidon, Londres, 2006.

Kramer, M.: "Radically Rethinking Design", 19-12-16. Obtenido de NiemabLab: http://www.niemanlab.org/2016/12/radically-rethinking-design/

— y O'Donovan, B.: "How to Build a Metrics-savvy Newsroom", 13-3-2019. Obtenido de American Press Institute: https://www.americanpressinstitute.org/publications/how-to-build-a-metrics-savvy-newsroom/single-page/

Laboratorio de Periodismo: "Diez tendencias para la prensa en 2019", Fundación Luca de Tena, diciembre de 2018: https://www.laboratoriodeperiodismo.org/diez-tendencias-para-la-prensa-en-2019/?cn-reloaded=1

Ledingham, J. A.: "Government and Citizenry: Extending the Relational Perspective of PublicRelations", *Public Relations Review*, 27, 2001.

— : "Explicating Relationship Management as a General Theory of Public Relations", *Journal of Public Relations Research*, 15:2, 2003 DOI: 10.1207/S1532754X-JPRR1502_4

— y Bruning, S. D.: "Relationship Management and Public Relations: Dimensions of an Organization–Public Relationship", *Public Relations Review*, 24, 1998.

— : "Managing Media Relations: Extending the Relational Perspective of Public Relations", en Biberman, J. y Alkhafaji, A. (eds.), *Business Research Yearbook*. McNaughton & Gunn, Inc., Saline, MI, 1999.

— : "Community Relations", en R. L. Heath (ed.), *Handbook of Public Relations*. Sage, Thousand Oaks, CA, 2001.

Lipovetsky, G.: *La felicidad paradójica. Ensayo sobre la sociedad del hiperconsumo*. Anagrama, 2007.

Lipovetsky, G. y Serroy, J.: *La estetizacion del mundo*. Anagrama, Barcelona, 2015.

López, A.: *Los servicios basados en conocimiento: ¿una oportunidad para la transformación productiva en Argentina?* Instituto Interdisciplinario de Economía Política de Buenos Aires, 2018.

Lua, A.: "How the Instagram Algorithm Works in 2019: Everything You Need to Know", 16-2-2019. Obtenido de Buffer: https://buffer.com/library/instagram-feed-algorithm

Manual de estilo y ética periodística del diario La Nación, Espasa Calpe, Buenos Aires, 1997.

Marconi, F.: "The Year of Iterative Journalism", 1-12-2018. Obtenido de NiemanLab: http://www.niemanlab.org/2019/01/the-year-of-iterative-journalism/

Marshall, S.: "A Return to Destination Journalism", 1-12-18. Obtenido de NiemabLab: http://www.niemanlab.org/2018/12/a-return-to-destination-journalism/

Martel, F.: *Cultura mainstream. Cómo nacen los fenómenos de masas.* Taurus, México, 2014.

Mastrini, G. y Becerra, M. (eds.): *Medios en guerra. Balance, crítica y desguace de las políticas de comunicación 2003-2016*, Biblos, Buenos Aires, 2017.

Matchar, E.: "How Instagram Is Changing the Way We Design Cultural Spaces". Smithsonian.com, Washington, 8/11/2017.

Matrat, L.: *Relations publiques et management.* CERP, Bruselas, 1971.

Maturana, H.: *De máquinas y seres vivos, autopoiesis de la organización de lo vivo.* Editorial Universitaria, Santiago de Chile, 1997.

McCombs, M.: *Setting the Agenda: Mass Media and Public Opinion.* John Wiley & Sons, 2018.

McLuhan, M.: *Understandig Media. The Extensions of Man.* McGraw Hill, Nueva York, 1964.

—: *La galaxia Gutenberg.* Editorial Galaxia Gutenberg, Barcelona, 2015.

Melamed, A.: *El futuro del trabajo y el trabajo del futuro.* Ed. Planeta, Buenos Aires, 2017.

Meyer, R.: "How Many Stories Do Newspapers Publish Per Day?", 26-5-2016. Obtenido de *The Atlantic*: https://www.theatlantic.com/technology/archive/2016/05/how-many-stories-do-newspapers-publish-per-day/483845/

Mina, A. X.: "Learning the Politics of 'Digital Dissensus'", 5-2-2018. Obtenido de Civic Hall: https://civichall.org/civicist/learning-the-politics-of-digital-dissensus/

Morales, S.: "La apropiación de TIC: una perspectiva", en Morales, S. y Loyola, M. I. (comps.), *Los jóvenes y las TIC. Apropiación y uso en educación.* Edit. De la Universidad de Córdoba, Córdoba, 2009.

—; Álvarez Nobell, A. y Loyola, M.: "Apropiación de tecnologías de la información y la comunicación e interactividad juvenil: Realidades y desafíos", en E. Martínez y C. Marta, *Jóvenes interactivos.* Netbiblo, La Coruña, 2011.

Moreno, A.; Molleda, J. C.; Álvarez Nobell, A.; Herrera, M.; Athaydes, A. y Suárez, A. M.: *Latin American Communication Monitor 2018-2019. Comunicación estratégica y sus retos: fake news, confianza, información para la toma de decisiones, liderazgo, satisfacción, estrés y compromiso laboral. Resultados de una encuesta en 19 países*. Euprera, Bruselas, 2019.

— ; Molleda, J. C.; Athaydes, A.; Suárez, A. M.; Herrera, M. y Álvarez Nobell, A.: *Latin American Communication Monitor 2016-2017. Tendencias en comunicación estratégica: big data, automatización, engagement, influencers, coaching y competencias. Resultados de una encuesta en 17 países, 2016-2017*. Euprera, Bruselas, 2017.

Morin, E. y Pakman, M.: *Introducción al pensamiento complejo*. Gedisa, Barcelona, 1994.

Nafría, I.: *La reinvención del* New York Times. *Cómo la "dama gris" del periodismo se está adaptando (con éxito) a la era móvil*. Knight Center, Austin (Texas), 2017.

Newman, N.: *Journalism, Media, and Technology Trends and Predictions 2019*. Reuters Institute for the Study of Journalism y Oxford University, enero de 2019.

—; Fletcher, R.; Kalogeropoulos, A.; Levy, D. A. L. y Nielsen, R. K.: *Digital News Report 2018*. Reuters Institute for the Study of Journalism - Oxford University, 2018.

Norris, D.: *Content Machine. Use Content Marketing to Build a 7-figure Business With Zero Advertising*, Dan Morris Publicser, New York, 2016.

Nothhaft, H.: "Communication management as a second-order management function: Roles and functions of the communication executive -results from a shadowing study". *Journal of Communication Management*, 14(2), 2010.

Owen, L. H.: "Want to Build Trust with Readers? Try Adding a Box that Explains the Story Process", 26-2-2019. Obtenido de NiemanLab: http://www.niemanlab.org/2019/02/want-to-build-trust-with-readers-try-adding-a-box-that-explains-the-story-process/

Pavlik, J. V.: "Innovation and the Future of Journalism", *Digital journalism*, 1 (2), 2013.

Peñafort, G.: "En defensa de la memoria de Timerman", 2-1-2019. Obtenido de *Página/12*: https://www.pagina12.com.ar/165737-en-defensa-de-la-memoria-de-timerman

Peters, B.: "Does Vertical Video Make a Difference? We Spent \$6,000 on Tests to Find Out", 19-2-2019. Obtenido de Buffer Blog: https://blog.bufferapp.com/vertical-video

— : "What 777,367,063 Facebook Posts Tell Us About Successful Content in 2019", 29-1-2019. Obtenido de Buffer: https://buffer.com/resources/facebook-marketing-2019.

Petri, J. y Jacob F.: *The customer as enabler of value (co)-creation in the solution business*. ESCP Europe Business School Berlin, Berlin, Germany, 2016.

Piccato, F.: "Periodismo local. Del apocalipsis, a la resiliencia", en el seminario #Signos, organizado por la Fundéu en Rosario, 2018.

Piechota, G.: *Creando valor para los consumidores de noticias*. INMA, Bogotá, 2018.

Prensky, M.: "Nativos Digitales, Inmigrantes Digitales". En *On the Horizon*, MCB University Press, Vol. 9 No. 6, diciembre de 2001.

Proust, M.: *Sobre la lectura*. Libros del Zorzal, Buenos Aires, 2003.

Read, M.: "Can Subscriptions Save All Media Companies, or Just *The New York Times?*", 8-2-2019. Obtenido de New York Intelligencer: nymag.com/intelligencer/2019/02/new-york-times-subscription-revenue-is-mixed-news-for-media.html

Reich, M. P.: "Social Media and Loneliness: Why an Instagram Picture May be Worth More than a Thousand Twitter Words", sep. 2016. Obtenido de ScienceDirect: https://www.sciencedirect.com/science/article/pii/S0747563216302552

Reissmann, O.: "The Rise of Vertical Storytelling", 1-12-2018. Obtenido de NiemanLab: http://www.niemanlab.org/2019/01/the-rise-of-vertical-storytelling/

Restrepo, J. D.: *Periodismo de calidad: debates y desafíos*. La Crujía, Buenos Aires, 2007.

Riesman, D.: *A multidão solitária*. Perspectiva, São Paulo, 1995.

Roberts, K.: *Lovemarks: The Future Beyond Brands*. Power House Books, 2005.

Roitberg, G.: "La legitimación de los medios en la era de la posverdad, ¿una batalla perdida?", en el seminario #Signos, organizado por la Fundéu en Rosario, 2018.

——y Piccato, F.: *Periodismo disruptivo. Dilemas y estrategias para la innovación*. Parmenia Grupo Editorial, Colección Futuribles, Buenos Aires, 2015.

Rolnik, Suely: "Toxicômanos de identidade", en: Daniel Lins (org.), *Cultura e Subjetividade*. Papirus, Campinas, 1997.

Rozemberg, R. y Gayá, R.: *Oportunidades y desafíos del comercio de servicios para el MERCO-SUR*. Cámara de Exportadores de la República Argentina (CERA) – Instituto de Estrategia Internacional (IEI). CABA, Argentina, 2015.

Ruiz, F.: *Cazadores de noticias. Doscientos años en la vida cotidiana de los periodistas 1818-2018*, Ariel, Buenos Aires, 2018.

Santos, M.: "From Pageviews to Impact", 1-12-2018. Obtenido de http://www.niemanlab.org/2019/01/from-pageviews-to-impact/:

Savater, F.: "Una técnica, una ética, una estética", en *Nuevos desafíos del periodismo*. Ariel-Adepa, Buenos Aires, 2014.

Schawbel, D.: *Yo 2.0*. Conecta, Barcelona, 2011.

Schechner R.: *Essays on performance theory*. Drama Book Specialists, 1977.

—: *Performance Studies: An Introducton*. Routledge, 2002.

—: "O que é performance?", *O Percevejo*, Año 11, n. 12, UNIRIO, Rio de Janeiro, 2003.

Schmidt, C.: "Clicks are an 'Unreliable Seismograph' for a News Article's Value — Here's New Research to Back it Up", 14-2-2019. Obtenido de NiemabLab: http://www.niemanlab.org/2019/02/clicks-are-an-unreliable-seismograph-for-a-news-articles-value-heres-new-research-to-back-it-up/

Schwartz, J.: "What Happens when Facebook Goes Down? People Read the News", 22-10-2018. Obtenido de Chartbeat blog: http://blog.chartbeat.com/2018/10/19/facebook-outage-reader-trends/

Scolari, C. A.: *Transmedia Storytelling. Narrative Strategies, Fictional Worlds and Branding in Contemporary Media Production*. University of Vic / University Pompeu Fabra (Barcelona, España, 2010.

Sennett, R.: *O declínio do homem público: Tiranias da intimidade*. Companhia das Letras, São Paulo, 1999.

Shanahan, M.: "Newsrooms take the Comments Sections Back from Platforms", 14-12-2018. Obtenido de NiemabLab: http://www.niemanlab.org/2018/12/newsrooms-take-the-comments-sections-back-from-platforms/

Sibilia, P.: *El hombre postorgánico. Cuerpo, subjetividad y tecnologías digitales*. Fondo de Cultura Económica, Buenos Aires, 2006.

—: *La intimidad como espectáculo*. Fondo de Cultura Económica, Buenos Aires, 2008.

Simões, R. P.: *Relações Públicas e Micropolítica*. Summus, São Paulo, 2001.

Sistema de Información Cultural de la Argentina (2013) "Encuesta Nacional de Consumos Culturales año 2013" https://www.sinca.gob.ar/VerDocumento.aspx?IdCategoria=10

— (2014): "Encuesta Nacional de Consumos Culturales año 2017" https://www.sinca.gob.ar/VerDocumento.aspx?IdCategoria=10

--- (2018): "Coyuntura Cultural, el valor económico de la cultura" https://www.sinca.gob.ar/VerDocumento.aspx?IdCategoria=2

—: "Encuesta Nacional de Consumos Culturales 2017", 23-4-2018. Obtenido de Ministerio de Cultura - Presidencia de la Nación: http://back.sinca.gob.ar/download.aspx?id=2457

Sloterdijk, P.: "El arte se repliega en sí mismo". Documenta XI. Kassel. *Observaciones Filosóficas*, 2007.

Smith, P.: "Push Journalism vs. Pull Journalism", 19-2-2019. Obtenido de Medium: https://medium.com/@phillipadsmith/push-journalism-vs-pull-journalism-ee65203a5427

Solomon, M.: *Consumer Behavior: Buying, Having, and Being*. Pearson, 2016.

Souza Couto, E.: "Corpos dopados: Medicalização e vida feliz", en: Ribeiro, P. (org.), *Corpo, gênero e sexualidade*. FURB, Rio Grande, 2009.

Spangler, T.: "Amazon on Track to Be No. 3 in U.S. Digital Ad Revenue but Still Way Behind Google, Facebook", 19-9-2018. Obtenido de Variety: https://variety.com/2018/digital/news/amazon-us-digital-ad-revenue-google-facebook-1202947923/

Statista: "Number of Monthly Active Instagram Users from January 2013 to June 2018 (in millions)", 21-6-2018. Obtenido de Statista: https://www.statista.com/statistics/253577/number-of-monthly-active-instagram-users/

—: "Percentage of all global web pages served to mobile phones from 2009 to 2018", 2019. https://www.statista.com/statistics/241462/global-mobile-phone-website-traffic-share/

Stiglitz, J.: *Los felices 90. La semilla de la destrucción*. Ed. Taurus, Madrid, 2003.

Stuart, K.: "What we Thought we Knew About Mobile Readers", 23-10-2018. Obtenido de Chartbeat: http://blog.chartbeat.com/2018/06/19/what-we-thought-we-knew-about-mobile-readers/

Taylor, C.: *Uma era secular*. Unisinos, São Leopoldo, 2008.

Tech Target Inc.: "La encuesta de prioridades de TI para 2013". Recuperado de http://www.techtarget.com/wp-content/uploads/files/latam/IT__Priorities__for__2013__SPANISH.pdf

Tench, R.; Verčič, D.; Zerfass, A.; Moreno, Á. y Verhoeven, P.: *Communication Excellence: How to Develop, Manage and Lead Exceptional Communications*. Editorial Palgrave Macmillan, Londres, 2017.

The New York Times: "Help Us Cover The News", 7-3-2019. Obtenido de *The New York Times*: https://www.nytimes.com/interactive/2019/03/07/reader-center/contributing-readers.html

Tremblay, G.: "Industrias culturales, economía creativa y sociedad de la información", en: Albornoz, Luis A. (Comp.) *Poder, medios, cultura. Una mirada crítica desde la economía política de la comunicación*. Paidós. Anexo Metodológico, Buenos Aires, 2011.

Varios autores: *Periodismo de calidad. Debates y desafíos*. FOPEA y La Crujía Ediciones, Buenos Aires, 2007.

Vos, M.: "Communication in Turbulent Times: Exploring Issue Arenas and Crisis Communication to Enhance Organisational Resilience". *School of Business and Economics*, n° 40, 2017.

Wikipedia: "List of most-followed Instagram Accounts". Obtenido de Wikipedia: https://en.wikipedia.org/wiki/List_of_most-followed_Instagram_accounts

Wu, T.: *The Attention Merchants: The Epic Scramble to Get Inside Our Heads*. Random House, Nueva York, 2016.

Zerfass, A. y Franke, N.: "Enabling, Advising, Supporting, Executing: A Theoretical Framework for Internal Communication Consulting Within Organizations", *International Journal of Strategic Communication*, 7(2), 2013. doi:10.1080/155311 8X.2013.765438

— ; Verčič, D. y Volk, S.: "Communication Evaluation and Measurement: Skills, Practices and Utilization in European Organizations. Corporate Communications", *International Journal*, Vol. 22, 2017. doi.org/10.1108/ CCIJ-08-2016-0056

--- ; Verhoeven, P.; Moreno, A.; Tench, R. y Verčič, D.: *European Communication Monitor 2016. Exploring trends in big data, stakeholder engagement and strategic communication. Result of a Survey in 43 Countries*. Eacd/Euprera, Bruselas, 2016.

Zuppello, S.: "The Latest Instagram Influencer Frontier? Medical Promotions", 15-2-2019. Obtenido de Vox: https://www.vox.com/the-goods/2019/2/15/18211007/medical-sponcon-instagram-influencer-pharmaceutical